学校で教えない教科書

# 面白いほどよくわかる
# 心理学

微妙な心の動きが支配する感情と性格の謎を読み解く

目白大学教授 渋谷昌三 監修

日本文芸社

# はじめに

「心理学」というと、多くの方が少し前に流行した「心理テスト」を思い浮かべるかもしれません。また、ここ最近は年に2、3回は発生している前代未聞と言われるような事件・犯罪が起きた時にも、その背景などを何としてもさぐりたいテレビのニュースやワイドショー、新聞・雑誌のメディアなどに、多くの心理学の専門家が登場するのを覚えている人も多いでしょう。それでは、心理学とはいったいどういう学問なのでしょう?

人にはみな、多かれ少なかれ「なぜ、どうして?」と思う気持ちがあります。心理学とは簡単に言ってしまうと、その「なぜ、どうして?」の気持ちの方向を、人間の心の動きに求め、研究してきた学問と言えます。そして、扱うものが人の心である以上、その範囲は、身近な人間関係に関するものから、極限状態に置かれた時などの特殊な状態における心理まで、大変幅の広いものとなっています。「心理学の父」と呼ばれるヴントが現在の科学的な心理学の礎を築いてから120年ちょっとという学問であるだけに、現在も著しく成長しており、その中に身を置くことは大変であると同時に、楽しさやおもしろさも十分に味わうことができます。

今、人間の歴史において現代社会ほど、ストレスのたまりやすい時代はないと言われています。その大きな原因として、日を追って上がっていく生活の利便性のスピードが挙げられます。例えば、携帯電話やメールのことを考えてみてください。これらのツールが一般的になってきたのは、ここ10～20年という単位です。すなわち、20年前には普及度の低かったコミュニケーションツールが浸透してきていることによって、今までには起こりえなかった人間関係の問題も生じてきますし、ジェネレーション間の問題でいえば、生まれた時から当たり前のようにそれらのツールに触れてきた世代と、なじみのない世代との間に何かしらの摩擦が生まれてしまうのも仕方のないことでしょう。この世代間の軋轢《あつれき》は、これまでの人間の歴史において、常に取りざたされていた問題ではありましたが、加速度的に進歩する科学技術の影響によって、その世代の間隔はどんどん短くなっていき、かつてはせいぜい2世代程度の衝突だったに対して、今では下手をすると、10年単位で1世代を構成し、5、6種類の異なったバックボーンを持つ世代が混在しているかもしれません。それだけ、現代では多種多様な人間関係の構築が求められるわけですから、ストレスがたまるのも当然と言えます。

そんな時こそ、自分を見つめ直したり、他人を知ったり、相手との人間関係を理解したりする時、「心理学」は、大きな助けとなるはずです。それは何も特別なことではなく、普段の恋人との恋愛、夫婦の関係、友人との付き合い、職場での人間関係など、さまざまな場面で心理学の知識が役立つはずです。

本書は、その「心理学」に興味を持ち、学問の入り口までやってこられた方にとって、わかりやすい道標、水先案内人となるように構成したつもりです。先にも述べましたように、まだまだ大きく成長を続けている分野だけに、とても本書のみですべてを伝えることはできませんが、せめて「心理学」を研究する楽しさの一端でも感じて頂くことができれば、幸いです。

渋谷昌三

# 目次

面白いほどよくわかる **心理学**

## 第1章・理解するってどういうこと？
### 【心理学に見る「人の感覚」】

## 第2章・性格や感情の裏側にあるもの
【心理学における「性格と感情」】

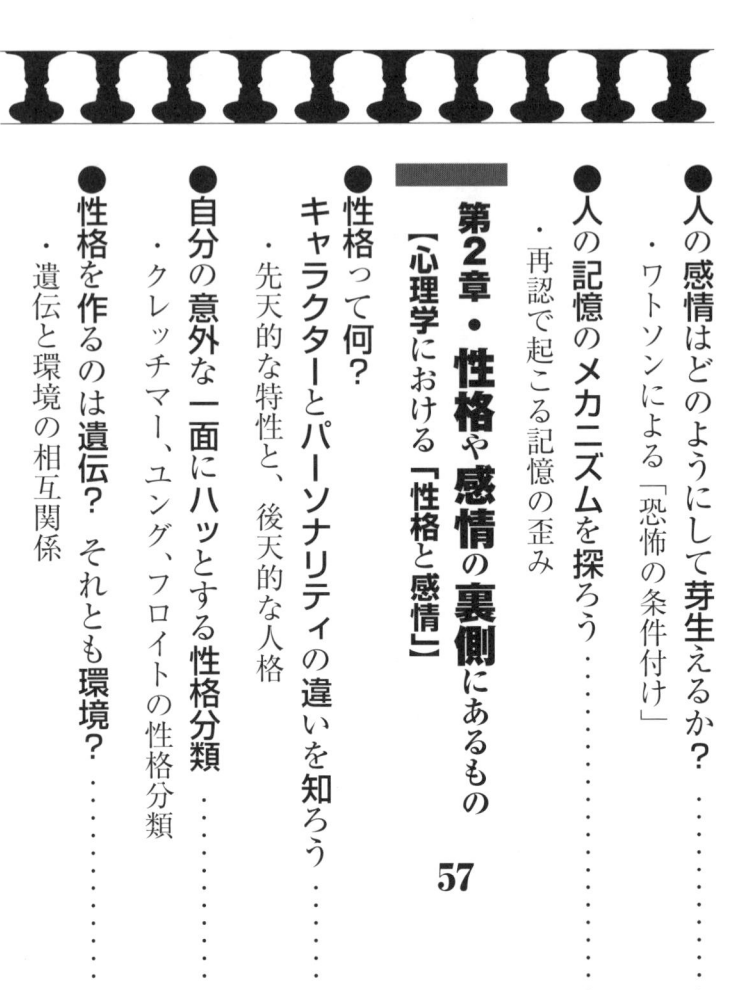

## 第3章・心からのSOSが聞こえますか？
【心の病】
115

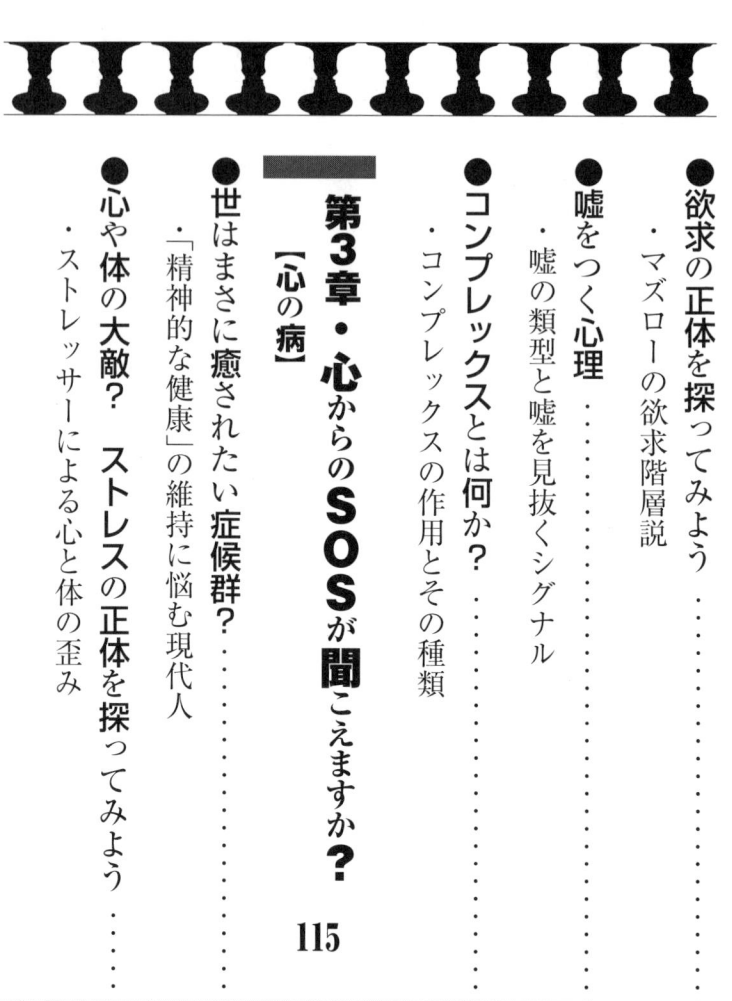

# 第4章・他者との理想的な関係を築くコツ
## 【心理学で知る「人間関係」】 149

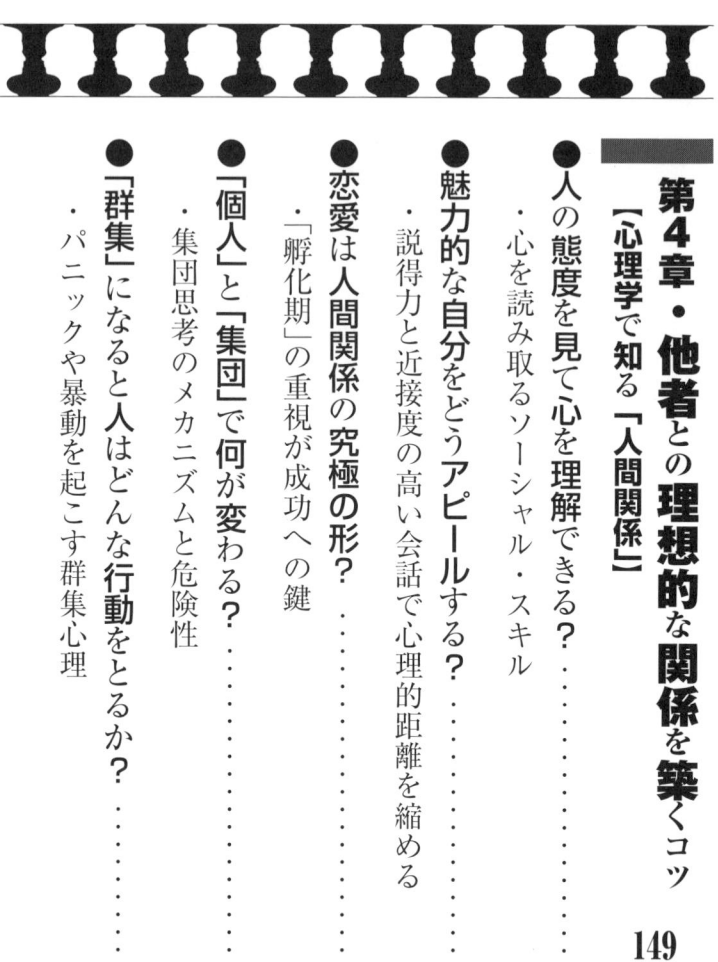

## 第5章・混迷の現代社会を生きぬくために
### 【心理学で探る「人間社会」】

# 序章

# 心理学って何だろう?

【心理学への招待】

# 心理学っていったい何？

## 目に見える行動から「心の動き」を科学的に研究する学問＝心理学

心理学というと真っ先に思い浮かぶものが「心理テスト」という人は多いかもしれません。いくつかの質問に答えると、おのずと自分の心がわかるというアレです。そこから、心理学を勉強すれば、人の心が読みとれるようになる、と思っている人もいるようですが、心は、テスト1つで簡単にわかるほど単純なものではありません。確かにそういう要素もありますが、心理学＝人の心を読む学問ではないのです。では、心理学とは、いったいどんな学問なのでしょうか？

平たく言うと心理学とは、人の心について研究する学問です。ただし、心は目で見ることができないので、人の行動を調べたり、前述の心理テストを行なったりして推察することしかできません。ですからその推察を、今度は実験を通して確かめることが必要になってきます。そして、その実験で信頼できる数値が得られた時、はじめて「この状況でこういう行動をするなら、このような心の状態にある」と、結果が出せるわけです。

つまり**心理学＝心を推察し、実験で調べて行動と心をつなぐ法則のようなものを見つけ出す科学的な学問**と言えます。裏を返せば、心を知ることで人の行動も理解できる――そこに心理学の面白味があると言えるでしょう。

今日では心理学の研究は、人間に関するあらゆる分野に及んでいます。人間の存在するところには必ず心理学があると言っても過言ではなく、それだけに領域が広くテーマも多彩です。

## 心理学の科学的確証は95％

心理学者たちの地道な研究の積み重ねで、次第に人の心は明らかになってきました。心理学は科学に裏打ちされているので、高い信頼性がなければ、法則として認められません。実際には、ある実験を同じ条件で何度も行なった場合、95％の確率で同じ結果が得られなければならないのです。

ここで「おや？」と思う人もいるかもしれません。「100％でないものを、本当に信じていいの？」と。確かに、人の心はとても複雑なので、実験だけではすべてを知ることができないのです。

そこで心理学では実験の他に、心理面接というものを行ない、対象者の行動の理由や心の状態をさらに細かく分析していきます。これによって、実験だけでは得られない部分を、科学的に探っていけるのです。

このように、行動から心の状態を推察した後、科学的な実験で裏打ちをし、さらに細かいところは面接で補っていく――こういった綿密な作業を通し、**心理学では心の全体像、ひいては心と行動のつながりを着実に理解していくのです。**

## 推察と実験によって確証を得る心理学

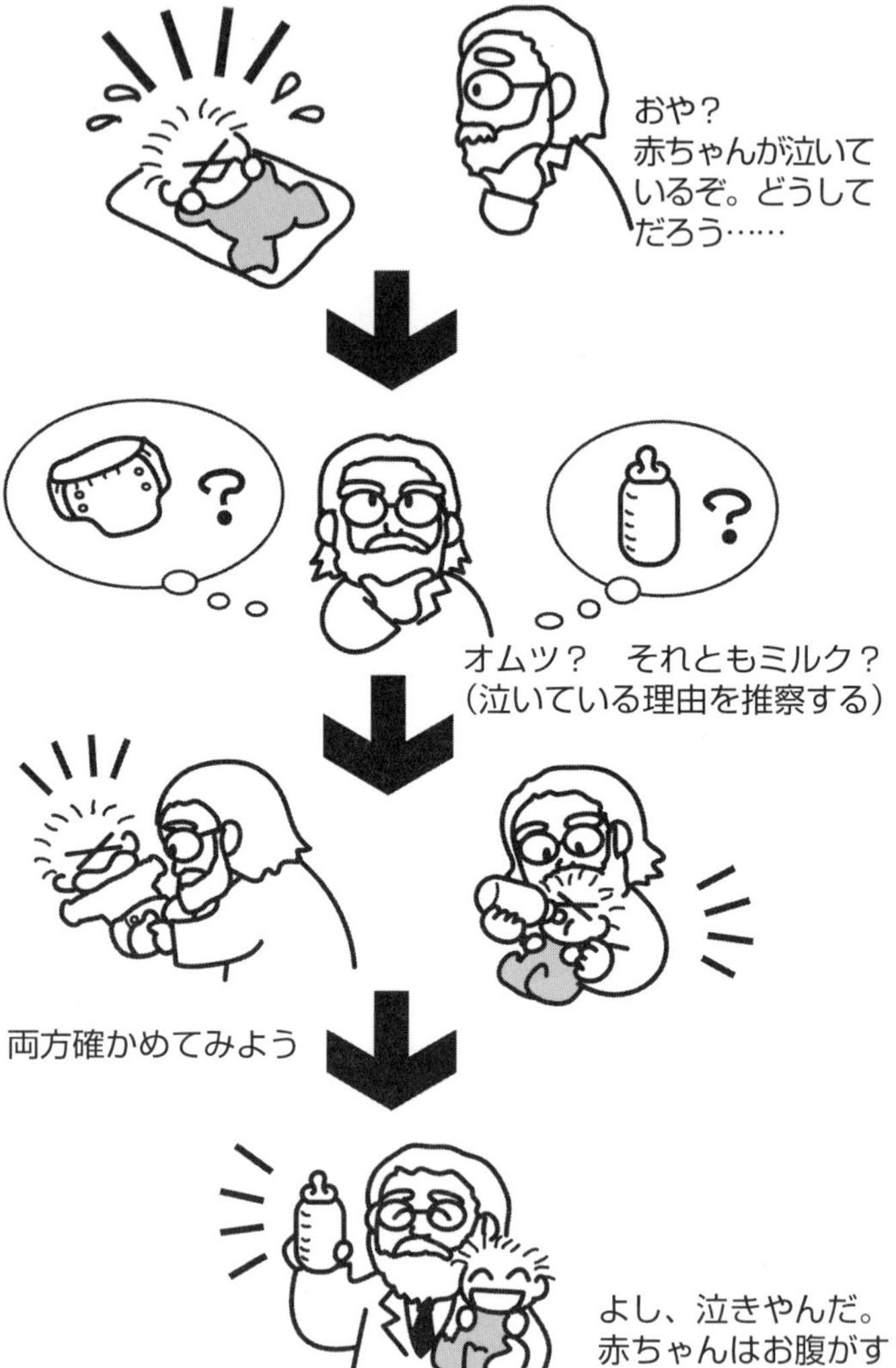

# 心理学の歴史を探ってみよう

## ヴント以降目覚しい進歩を遂げた心理学

心理学が学問として成立したのは、ドイツのライプチッヒ大学、哲学教授**ヴント**の学説からでした。彼は1879年、大学に心理学実験室を作り、哲学の主観的な手法を廃して、自然科学の研究方法を取り入れ、心を科学的に探究することを目指したのです。これが、ヴントが現代の**「心理学の父」**と呼ばれる所以です。

ヴントの学説とはこのようなものでした。彼は、人の心にはいくつもの**「心的要素」**があり、これが結合することで、**「心的要素の結合体」**が形成されるとしたのです。

わかりやすく言うとこうです。まず「みかん」という言葉から連想するものを思い浮かべてみてください。視覚からは「オレンジ色」「丸い」、味覚からは「甘い」「酸っぱい」、嗅覚から「芳しい」、触覚からは「冷たい」「すべすべした」などの概念が、いくつも出てくるでしょう。これら、人の五感が刺激されることによって現れた概念が、「心的要素」のひとつひとつです。そしてこれらが結合して「みかん」という「心的要素の結合体」が成立したというわけです。

つまり、こういった結合の法則を解明する

**用語解説**

**ヴント**（1832〜1920年）…心理学を哲学から独立した学問へと導いた近代心理学の父。世界初の心理学実験室を、1879年、ドイツ・ライプチッヒ大学に作る。

ことで、人の心の動きを探ることができる、というのがヴントの考えというわけです。単に自分の心を見つめ、意識を観察する哲学とは違い、意識を構成している要素を取り出し、分析する点が大きな特徴と言えるでしょう。この分析法から、ヴントの学説は**「構成主義」**と言われています。

## 心理学のあけぼの 紀元前〜17世紀

それでは、ヴント以前の心理学はどのようなものだったのでしょう。実は、人間の心を理論的に考えようとしたのは、古代ギリシャの哲学者**アリストテレス**だったと言われています。

彼は著書**『霊魂論』**の中で、感覚、記憶と想起、睡眠と覚醒など、現代の心理学にも通じる主題を論じています。

しかし、アリストテレスのこの哲学的心理学は、継承する人が現れず、そのまま何世紀もが過ぎ去りました。再び心理学的考察が行なわれるようになったのは、実に、16世紀半ばのルネサンス期になってからです。

さらに17世紀半ばには、イギリスで**経験主義心理学**が生まれ、やがて**ロック**や**ヒューム**らに提唱された**「連想心理学」**へと発展していきます。

同じ頃ドイツでは**理性主義心理学**が生まれ、**デカルト**、**ヴォルス**らによって提唱された**「能力心理学」**へと発展しました。

ちなみにこの2つの心理学は、「人は生まれながらに才能を備えているか」という点において対照的な見解を出しており、前者の「連想心理学」は、人は生まれた時は白紙で、

**用語解説**

**アリストテレス**（BC384〜322年）…古代ギリシャの学者。プラトンの弟子。いろいろな事柄を学問化したので、「万学の祖」とも呼ばれる。著書は『オルガノン』『動物誌』『形而上学』など多数。

## 心理学の誕生と発展

### 紀元前4・5世紀

**ギリシャ哲学**

**アリストテレス**

現在の心理学の源流となる思想を確立

学園リュケイオン設立。哲学や心理学だけでなく、論理、自然、社会、芸術などあらゆる事柄を学問化した

### 17世紀

**理想主義心理学**

発　展

**能力心理学**

**デカルト**　**ヴォイス**

生まれつき人は能力や才能がある

**経験主義心理学**

発　展

**連想心理学**

**ロック**　**ヒューム**

生まれつき人は白紙である

### 19世紀

**自然科学の発展**

- 感覚知覚の実験的研究
- 精神物理学
- 進化論 ……… **比較心理学**、**機能心理学**、**発達心理学**

**実験心理学**

**ヴント**

連想によって感覚と観念が結びつき、やがてまとまった観念体系が形成されるとしています。対する「能力心理学」は、人は生まれながらに決まった能力や才能があるとし、精神構造を知・情・意の3つに分け分析する方法をとっていました。

## 自然科学と心理学の共存 18〜19世紀

18世紀になると物理学、医学などの自然科学が著しい進化を見せ、心理学も影響を受けています。例えば生理学や物理学は「感覚」や「知覚」の研究を刺激し、医学や大脳生理学は「精神病」や「催眠術」の研究につながりました。これら諸科学と心理学は、現在でも提携し、影響を与え合いながら、多くの研究が行なわれているのです。

そして、19世紀末、満を持して「心理学の父」ヴントの登場となります。彼はこの分野で最高の権威として君臨し、門下からは多くの優れた心理学者が誕生しています。

## 行動主義心理学の登場 20世紀 〜その1〜

20世紀に入ると、意識こそ心理学の本質としてきたヴントらの通念に、真っ向から対立する意見が登場しました。それは1912年、**ワトソン**（P51参照）により提唱された**「行動主義心理学」**です。

彼は心理学を“行動の科学”であると定義し、「科学としての心理学は、主観的な内観による意識の分析だけではダメ。科学的測定に耐えうる行動の分析がなければならない」と、ヴントの築いた心理学を否定したのです。

用語解説

**トールマン**（1886〜1959年）…行動主義にゲシュタルト心理学も取り入れたアメリカの実験心理学者。

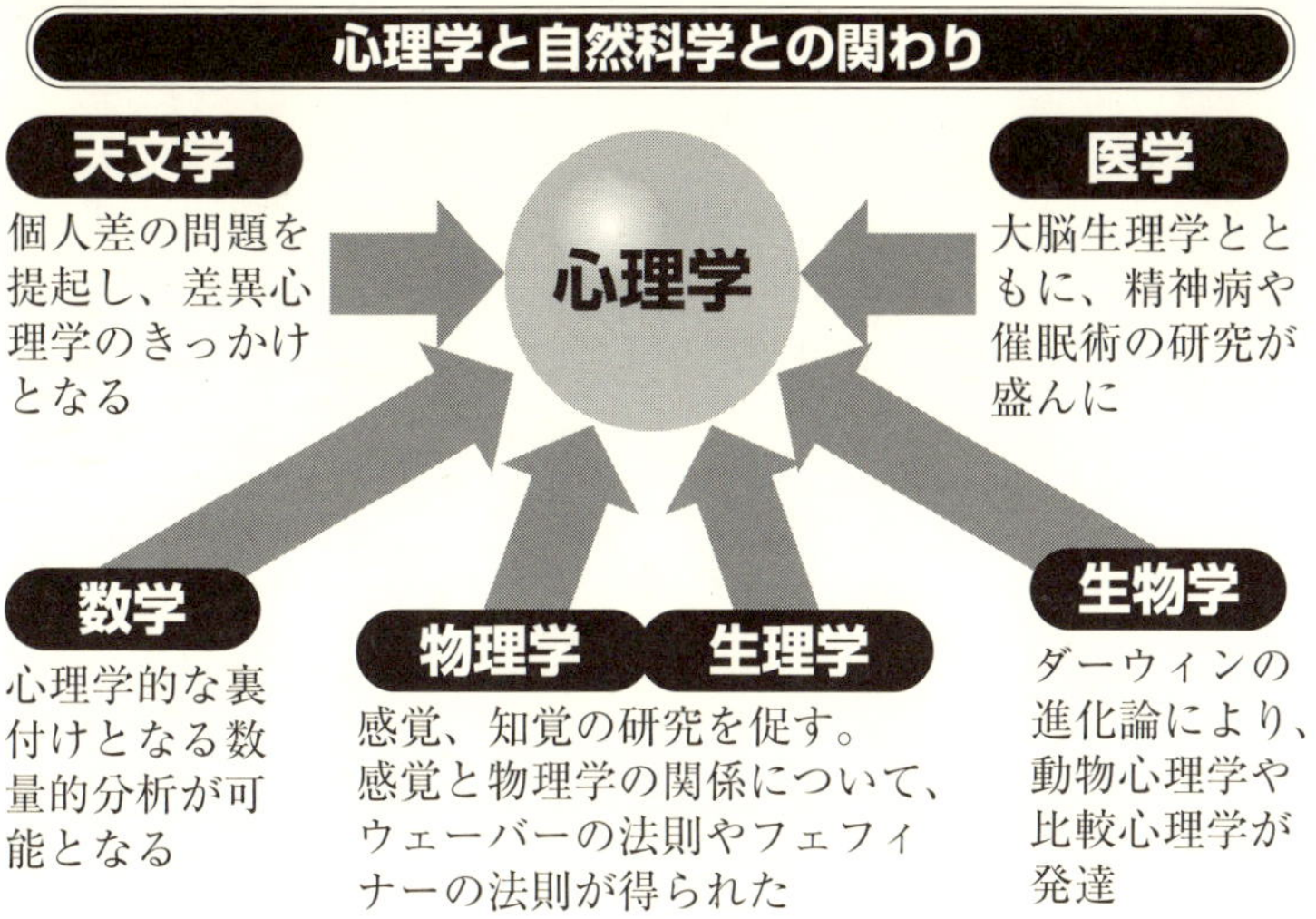
心理学と自然科学との関わり
心理学
天文学
個人差の問題を提起し、差異心理学のきっかけとなる
医学
大脳生理学とともに、精神病や催眠術の研究が盛んに
数学
心理学的な裏付けとなる数量的分析が可能となる
物理学
生理学
感覚、知覚の研究を促す。感覚と物理学の関係について、ウェーバーの法則やフェフィナーの法則が得られた
生物学
ダーウィンの進化論により、動物心理学や比較心理学が発達

この考えに大きな影響を与えたのは、1904年にノーベル賞を受賞したロシアの生理学者**パブロフ**の条件反射説で、後に**「古典的条件付け」**（P48参照）の考えを生み出したものです。

ワトソンは、条件反射を利用すればどんな行動も身に付けることができるとし「私に12人の子供を与えてくれれば、医師にも弁護士にも泥棒にも育てる」などと豪語したそうです。しかし、彼の行動主義心理学は、刺激に対して現れる反射行動のみを取り上げたため、後に批判される結果となりました。

その後に登場した**トールマン**や**ハル**、**スキナー**（P49参照）らが唱えた心理学は、反射だけでなく行動の主体（人や動物）の関わりも含めた研究を重ねたため、ワトソンの行動主義と区別して**「新行動主義心理学」**と呼

**用語解説**

**ハル**（1884～1952年）…アメリカの新行動主義の心理学者。公準と法則からなる数学体系を心理学に導入し、数学心理学の基礎を築いた。著書に『行動の原理』や『行動の基本』がある。

ばれています。その違いは、ネズミの能動的な行動を利用したスキナーの**「オペラント条件付け」**（P48参照）と、古典的条件付けとを比べると明らかでしょう。

## ゲシュタルト心理学と精神分析学 20世紀～その2～

ワトソンが行動主義心理学を提唱したのと前後し、ドイツの**ケーラー**や**コフカ**らが主張したのが「ゲシュタルト心理学」です。これはヴントの構成主義を批判し「心の動きはいくつもの事柄による相乗効果の影響を受けている」という全体性を重視しました。

例えば、楽譜を想像してみてください。そこに並ぶ音符はそれぞれをバラバラに演奏しても意味はありませんが、一定のリズムで演奏するとまとまりが生まれ、情感のある音楽になることがわかるでしょう。

つまり全体（楽譜）は、単なる要素（音符）の集合体ではなく、何らかの法則性（リズムや強弱など）を持った構造となっており、ひとつひとつの要素は全体によって規定されているという考え、それがゲシュタルト心理学の主張というわけです。

一方、**フロイト**（P64参照）が**「精神分析学」**を唱えたのも同じ頃でした。彼もヴントの学説に異論を唱える一人でしたが、神経症患者の治療を行なっていく過程で「無意識こそ心理学が扱うべきテーマである」と考えました。無意識に主眼を置くことで、行動主義心理学やゲシュタルト心理学とは一線を画したのです。このため精神分析学は、心理学の中でもフロイト独自の路線を築きあげていきました。

**用語解説**

**ケーラー**（1887～1967年）…ドイツの心理学者。物理的事象と心理的事象の間の同型を主張した著書『物理的形態』が、ゲシュタルト理論に広い展望をもたらした。

## 心理学の歴史と社会的出来事の比較

| 西暦 | 心理学の歴史 |
|---|---|
| 1815年 | パリの心理療法士メスマー没 |
| 1860年 | フェフィナー『天才と遺伝』を発表 |
| 1879年 | ヴントが心理学実験室設立 |
| 1889年 | 元良勇次郎が心理学開講 |
| 1900年 | フロイト『夢診断』を発表 |
| 1905年 | ビネーの知能テスト |
| 1910年 | パブロフがノーベル賞受賞 |
| 1912年 | ゲシュタルト心理学発足 |
| | ワトソン行動心理学を提唱 |
| 1920年 | フロイト倫理の最終訂正 |
| 1935年 | ケーラーのアメリカ亡命 |
| 1937年 | トールマン新行動主義を提唱 |
| 1938年 | スキナー『生態の行動』を発表 |
| | フロイトのロンドン亡命 |
| 1943年 | ハル『行動の体系』を発表 |
| 1950年 | 学習理論会議 |
| | ロジャース理論完成 |
| 1980年 | 認知心理学と情報処理理論 |

| 西暦 | 社会的出来事 |
|---|---|
| 1789年 | フランス革命 |
| 1860年 | リンカーン大統領就任 |
| 1879年 | アインシュタイン誕生 |
| 1883年 | ケインズ誕生 |
| | マルクス死亡 |
| 1888年 | 切り裂きジャック事件 |
| 1890年 | 森鴎外ドイツ留学 |
| 1903年 | ライト兄弟が動力飛行に成功 |
| 1905年 | アインシュタイン『相対性理論』を発表 |
| 1912年 | タイタニック号沈没 |
| 1914年 | 第1次世界大戦勃発 |
| 1929年 | 世界大恐慌勃発 |
| 1935年 | ヒットラーのユダヤ人迫害 |
| 1939年 | 第2次世界大戦勃発 |
| 1945年 | 第2次世界大戦終結 |
| 1950年 | 朝鮮戦争勃発 |
| 1960年 | ベトナム戦争勃発 |
| 1970年 | 人類初の月面着陸 |

**用語解説**

**コフカ**（1886～1941年）…ドイツの心理学者。ケーラーやヴェルトハイマーとともにゲシュタルト理論を確立。著書にゲシュタルト心理学を包括的かつ体系的に記した『ゲシュタルト心理学原理』がある。

# 日本の心理学史

日本の心理学研究の歴史は、明治以降、欧米の心理学が紹介されたことに始まります。それ以前にも日本には、古来からの思想や仏教理念に基づく人間観がありましたが、いずれも現代の心理学につながるものではなかったようです。

日本に心理学の礎となるものを築いたのは、アメリカのジョンズホプキンス大学で心理学を学び、日本人心理学者として初の博士号を取得した**元良勇次郎**《もとらゆうじろう》用語解説でした。彼は帰国後の1889年（明治22年）、我が国最初の心理学教授として、東京帝国大学（現東京大学）哲学科で心理・倫理・論理の講座を開きました。その後、**松本亦太郎**《まつもとまたたろう》用語解説が二代目心理学教授となり、東京大学（東京帝国大学から改名）と京都帝国大学（現京都大学）に、日本初の心理学実験室を設立。退職までの30年余りに渡り、日本の心理学の基礎作りに貢献しました。

第一次世界大戦から第二次世界大戦にかけての時期は、日本が積極的にドイツ文化を導入したため、当時ベルリン大学で活発な研究活動が行なわれていたゲシュタルト心理学が紹介され、日本の心理学界に旋風を巻き起こしたようです。

第二次世界大戦後は、学制改革による大学の変貌で各種研究機関が創設され、さらに産業・司法・教育などの現場で心理学専攻者が求められるようになりました。

これにより、**社会心理学**、**精神分析学**、**産業心理学**、**臨床心理学**などの研究領域が急速に広がっていったのです。

**用語解説**

**元良勇次郎**（1859〜1929年）…日本初の心理学教授。東京帝国大学哲学科に心理学講座を開く。「社会心理学」という言葉を日本ではじめて使い社会心理学は社会学に属するものである、という規定をした。

# 現代の心理学にはどんな分野があるか？

## より専門的に細分化され、基礎心理学と応用心理学に大別

現在の心理学は**「基礎心理学」**と**「応用心理学」**の2つに大きく分けられ、枝分かれして細分化したり、他の心理学と関係を保ったりしつつ、それぞれ発展していっています。

まず、前者の基礎心理学は、人の心の基本的な原理や法則を研究するもので、正常心理学からの流れを汲む**社会心理学**、**一般心理学**、**発達心理学**などと、**異常心理学**があります。

一方の応用心理学は、心理学の知識や法則を、実際の問題に役立てる学問で、それぞれが独立しつつも目的に応じ、柔軟に組み合わされます。**教育心理学**、**臨床心理学**、**産業心理学**、**犯罪心理学**などがこれにあたります。

それでは、基礎心理学や応用心理学のいくつかの分野を、簡単に紹介してみましょう。

●**発達心理学**（**基礎心理学**）

人が生まれ、育って、やがて老いていく生涯発達の過程を理解しようとする学問で、細かく**乳児心理学**、**幼児心理学**、**児童心理学**、**青年心理学**、**老年心理学**に分けられます。

●**社会心理学**（**基礎心理学**）

個人や集団、組織、群衆、大衆などの行動や、相互関係、相互作用などを研究します。

P28に続く

**用語解説**

**松本亦太郎**（1865〜1943年）…実験心理学の創設者ヴントに学ぶ。帰国後の1901年、東京大学二代目心理学教授となり、日本初の心理学実験室を作る。その後、1906年には京都大学にも心理学実験室を設立した。

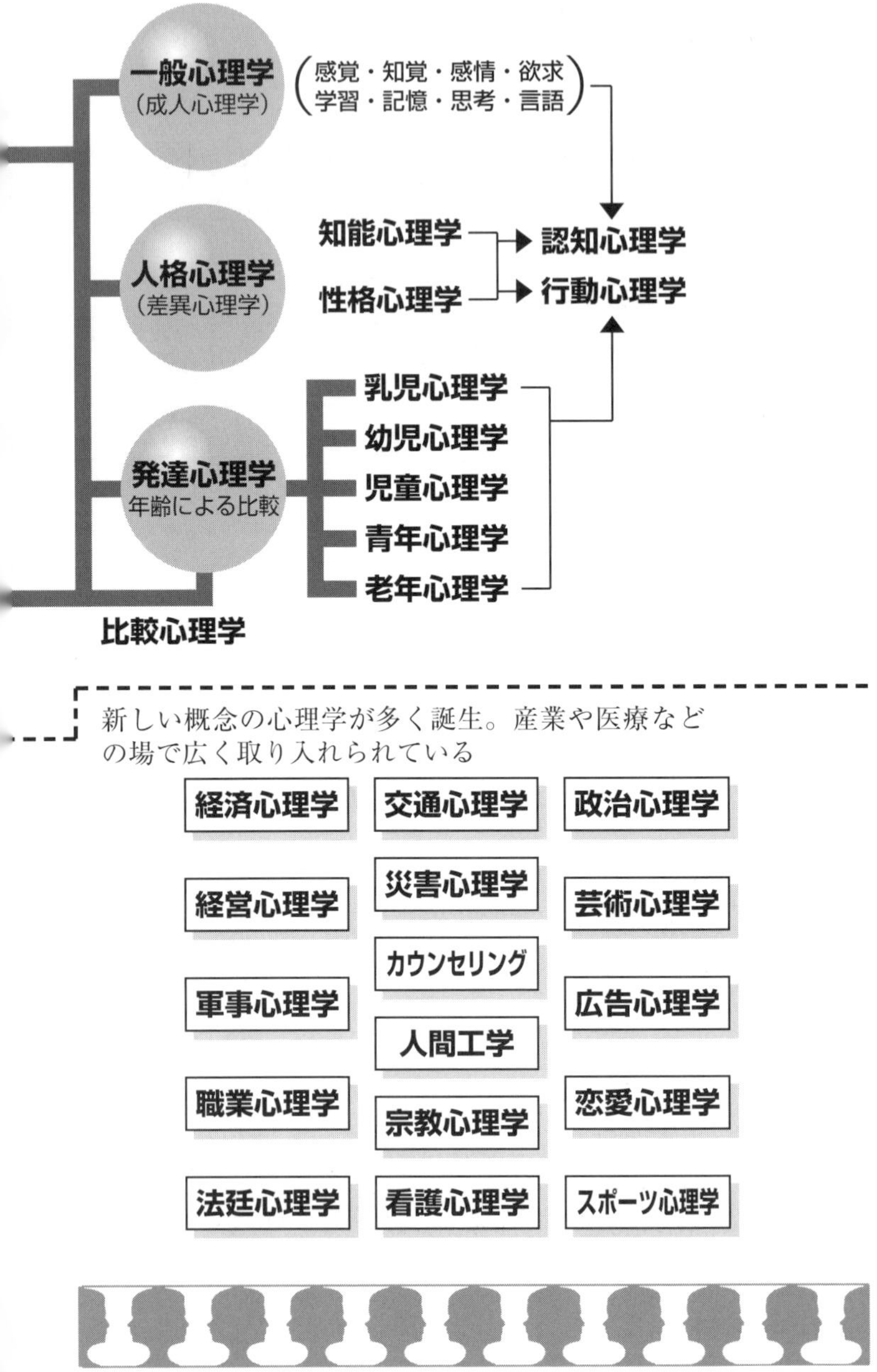
一般心理学
（成人心理学）
（感覚・知覚・感情・欲求
学習・記憶・思考・言語）
人格心理学
（差異心理学）
知能心理学
性格心理学
認知心理学
行動心理学
発達心理学
年齢による比較
乳児心理学
幼児心理学
児童心理学
青年心理学
老年心理学
比較心理学
新しい概念の心理学が多く誕生。産業や医療などの場で広く取り入れられている
経済心理学
交通心理学
政治心理学
経営心理学
災害心理学
芸術心理学
カウンセリング
軍事心理学
人間工学
広告心理学
職業心理学
宗教心理学
恋愛心理学
法廷心理学
看護心理学
スポーツ心理学

## 現代の心理学にはどんな分野があるか？

### 心理学の分類と相関図

心理学における一般的法則を研究する「基礎心理学」と、心理学を実際の問題に役立てる「応用心理学」に分けられます

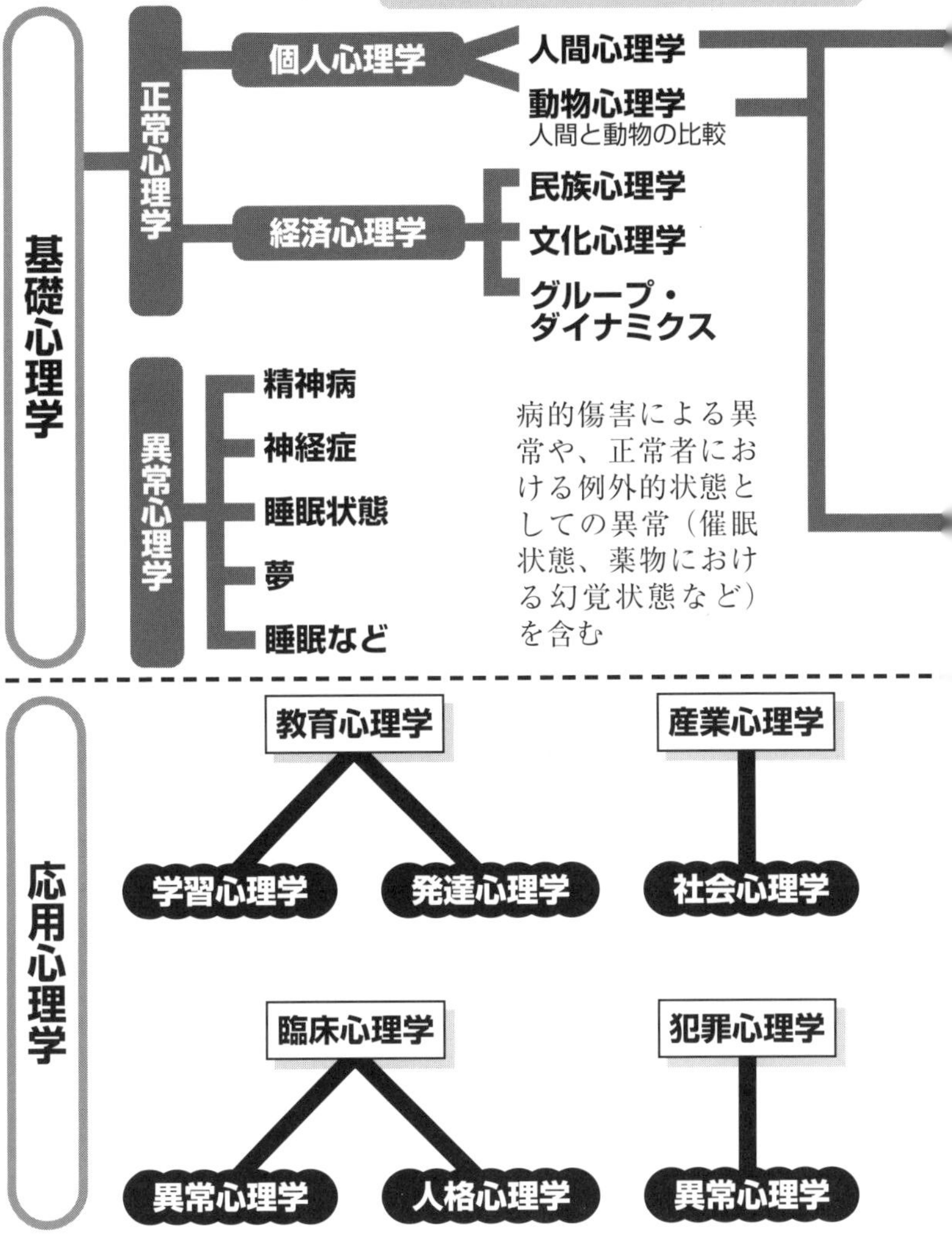

☞P25より続く

このうち、商品の市場調査や、消費行動を探求するマーケティングリサーチは、**産業心理学（応用心理学）**の分野に当たります。

**●教育心理学（応用心理学）**

教育活動を心理学的に研究し、教育を行なううえでの問題の解決を目指す心理学です。学習、能力、学級、教材、カリキュラム、指導、評価などに加え、登校拒否、いじめといった社会問題まで幅広い研究を行なっています。

**●臨床心理学（応用心理学）**

カウンセリングや精神分析など、心理療法を中心に治療を行なっていく分野です。その対象は、①精神病、神経症など精神医学の諸問題　②犯罪・非行、自殺など社会的病理の諸問題　③知能・性格・身体障害などの諸問題　④児童の成長・発達の諸問題　⑤人間の不適応やノイローゼなどの諸問題となります。

**●犯罪心理学（応用心理学）**

犯罪者や犯罪行動の心理および社会との関わりを研究する分野で、①人はなぜ犯罪を犯すか　②犯罪を犯す人・犯さない人の違い　③犯罪者が罪を償って社会復帰した際の迎え方などが対象になります。犯罪の根絶や犯罪者の人格改善・社会復帰への貢献と合わせ、人の心の異常性や本性を探る側面もあります。

**●災害心理学（応用心理学）**

用語解説 **阪神・淡路大震災**では正確な情報が届かず、被災者はデマや噂に惑わされて迅速な避難ができなかったと言います。それらを未然に防ぐため、人が災害に直面した時どうすれば安全に行動できるのかを研究するのが災害心理学です。また、最近では災害による心理的な影響や、心のケアもテーマにしています。

**用語解説**　**阪神・淡路大地震**…1995年1月17日（火）午前5時46分に淡路島を震源地に発生した大規模な地震。正式な地震名は「1995年兵庫県南部地震」。マグニチュード7.3の規模。二次災害も含め、死者は6400人以上とされている。

# 第1章

# 理解するってどういうこと?

## 【心理学に見る「人の感覚」】

# 人がものを認識する時に何が起こっている？

## 人間の知的活動を分析する認知心理学

人間は常に、視覚、聴覚、嗅覚、触覚、味覚という五感を働かせ、周囲にある情報を取り込んでいます。

例えば、とても狭い道を、猛スピードで走ってくるトラックを見れば、誰でも当然轢《ひ》かれないように避難するはずです。この、ごく当たり前の行動にはまず、突進してくるものがトラックで、道幅はこれだけであるという情報が、視覚を通して脳に伝わります。ここまでは感覚の分野で、この後、どういう行動をとるかが、知覚の分野に当たります。

この知覚は、百人いたら百人が同じではなく、その人その人によって違ってきます。前述のトラックからの避難を例にとった場合、電柱の陰に隠れようとする人もいれば、ひたすら道を逃げ走る人もいるでしょうし、生まれて間もない赤ん坊なら逃げることにも思い当たらないでしょう。ここでどのような行動を取るか＝知覚は、経験から覚えたり、思い出したり、考えたりといったプロセスや、その時の心理状態によって大きく変わってくるのです。１つの写真や絵を見た時、人によって受け取り方がさまざまなのも同じ理由からで、こういった人間の知的活動を分析するの

## 人間の認識のメカニズム

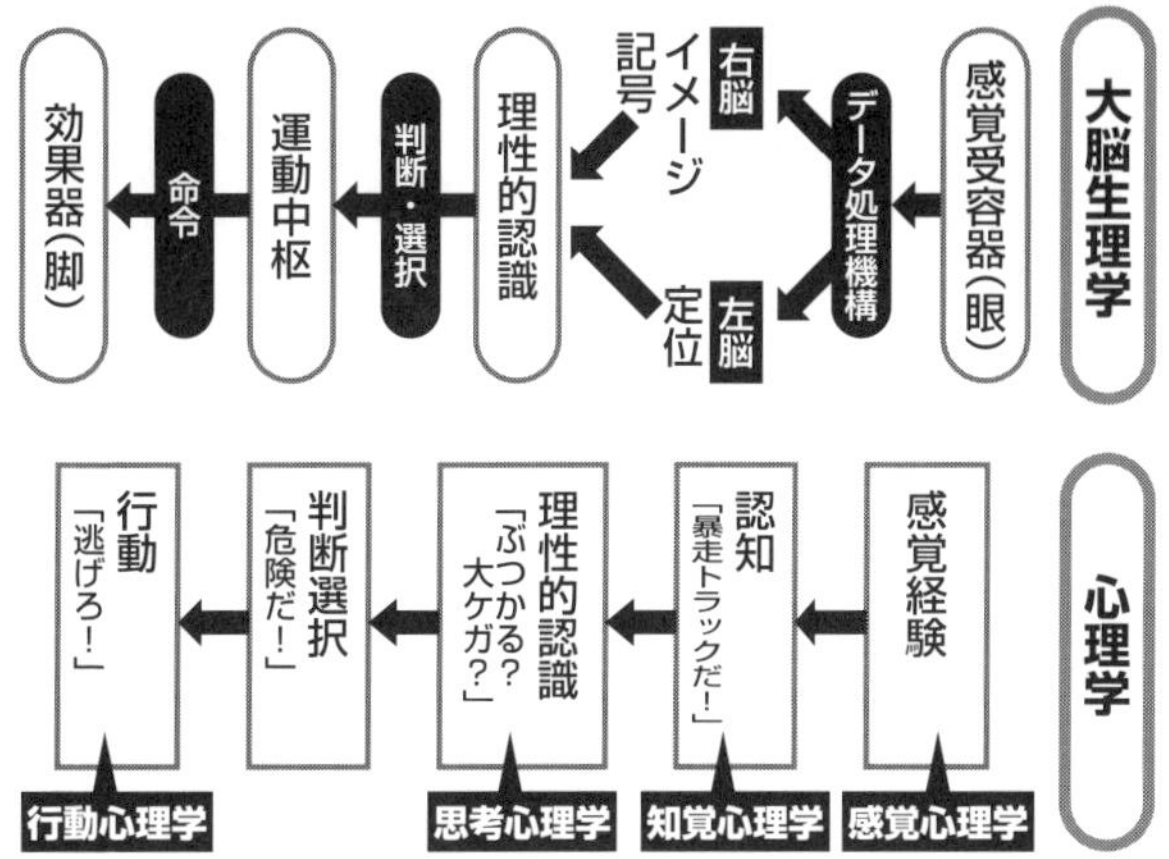


が**「認知心理学」**とされています。

1950年代に登場した認知心理学では、人間を複雑な情報処理システム——脳というコンピュータで心というソフトウェアが作動している——と考えています。そして、ソフトウェア（心）の中で情報が伝達し、記憶し、処理される過程を解き明かし、目に見える形でモデル化することを目的としています。また、人がさまざまなことに対して推論を働かせる過程を分析することも、認知心理学のカテゴリーの1つです。

### 無意識に行なわれる「カクテルパーティ効果」での認識

車や人が行き交う雑踏の中で、今あなたが、親しい誰かとの話に熱中していると想像してみてください。仮に、周囲の団体が騒いだり、車のエンジン音が大きくなっても、そのことはあまり気にならず、話に集中できるはずです。熱中の度合いによっては、周囲のうるささを認識していないかもしれません。また、何かを一心不乱に考えている時も、同じようなことがあるでしょう。

人はこういう場合、関心のあること以外の情報をシャットアウトできる、フィルターのようなものを、特に意識せずとも作動させることができるのです。この、無意識のうちになされる情報処理を**「カクテルパーティ効果」**と呼びます。

とはいえ、カクテルパーティ効果発動中でも、人は関心のある情報以外をすべて閉鎖しているわけではありません。前述のような騒音の中でも、自分の名前を呼ばれれば、大抵の人はハッと気づくはずです。このように人間の脳と心という精密な情報処理システムは、人が特別意識していない情報でも、それが大事な内容かそうでないかを、無意識のうちにきちんと処理しているのです。

## 「プライミング効果」における情報処理

人が無意識に行なう情報処理の中に**「プライミング効果」**というものがあります。これは、先に手に入れた情報によって、後から入ってきた情報を処理するスピードに影響があることを証明したもので、以下のような実験によって立証されています。

まず、ある人にスライドなどで**刺激語**（プライム）を見せます。その後、別の言葉を次々と見せ、先のプライムに関連ある言葉かそうでないかの判断にかかるスピードを測定

**用語解説**

**刺激語（プライム）**…記憶や連想のネットワークを刺激する語（言葉）のこと。プライムを再生すると、それと結びついている語が無意識にウォームアップされ、一連のネットワークは、再生されやすくなる。

## 記憶の連想ネットワーク

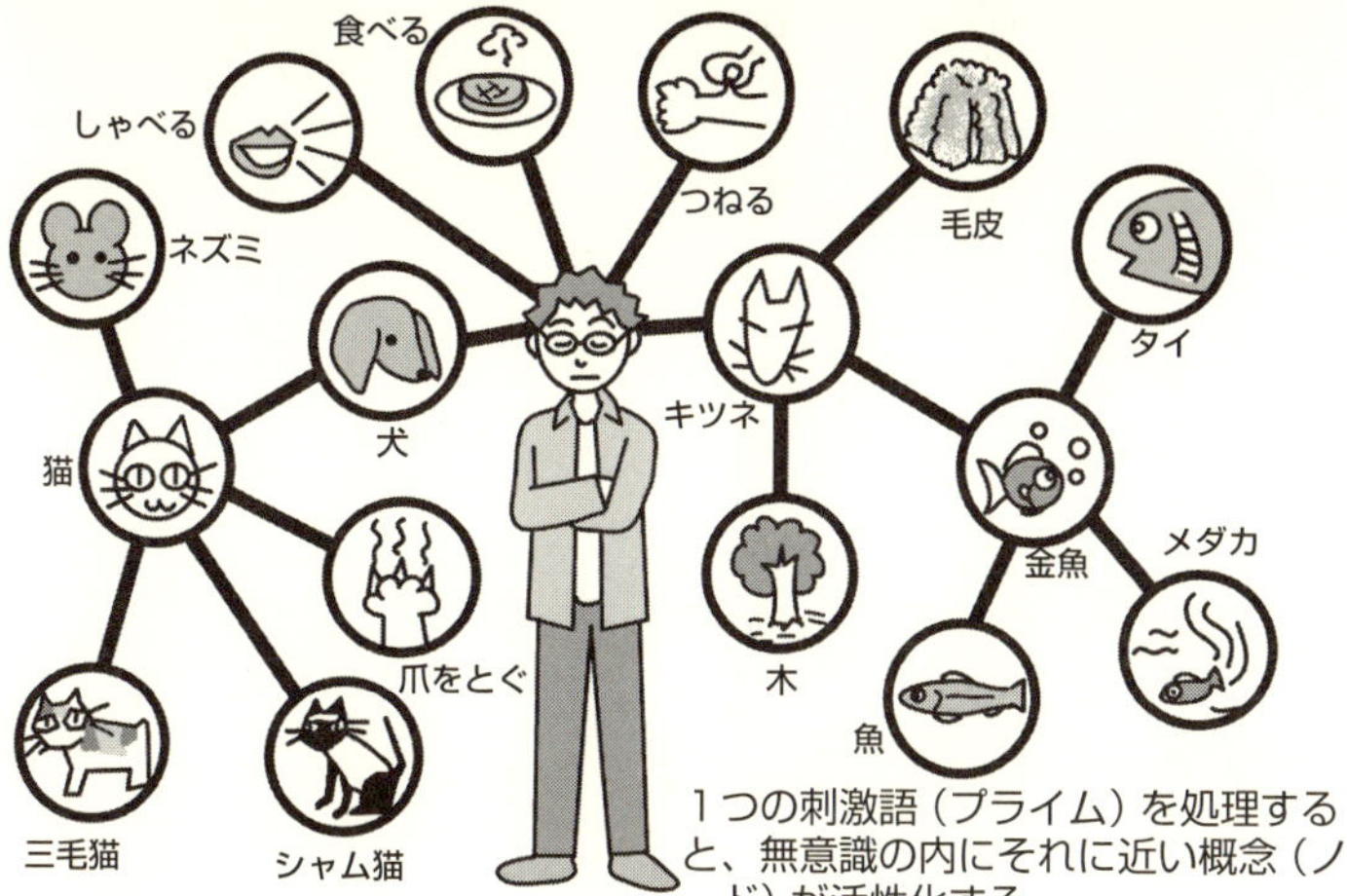


1つの刺激語（プライム）を処理すると、無意識の内にそれに近い概念（ノード）が活性化する

します。いわば連想ゲームです。すると、プライムと関連のある言葉のほうが反応が早く、判断ミスも少ないという結果にいたるのです。

認知心理学では、人の記憶はさまざまな概念（ノード）がネットワーク状に配置されていると考えられています。このネットワークでは、ある1つのことに関連のある概念は近くに、関連の薄い概念は遠くに置かれており、これが、前述のプライミング効果を生み出すのです。

つまり人は、1つのプライムから、それに近いいくつもの概念を無意識のうちに活性化させてネットワークを広げているため、活性化された概念（プライムに関連する概念）は、他の概念（プライムに関連しない概念）よりも、格段に処理（関連するかしないか）されやすくなるというわけです。

# 視覚のメカニズムを探ってみよう!

## 主観的世界と客観的世界のズレ

今、目の前にある光景を「現実ではない」と考える人は、まずいないでしょう。人は、自分の目に映るものは現実であると認識しています。

けれど実際には、人が目で見るもの（主観的世界）と現実にあるもの（客観的世界）は、必ずしも同じとは言えないのです。目から得られる情報は、意外にも曖昧《あいまい》なものが多く、その典型的な例に「錯覚」があります。

ちなみにここで言う錯覚とは、主観的世界と客観的世界の違いをしっかりわかっていながらも、知覚がそのズレを直せない状態のことで、心理学ではこれを**「錯視」**と呼んでいます。

## 案外身近な錯視の世界

錯覚、錯視と聞いて、錯視画家**エッシャー**（用語解説）の絵を思い浮かべる人も多いかもしれません。有名な「上昇と下降」の絵に代表されるような、階段を登っているはずなのに、元の場所にたどりついてしまうといった現象は、幾何学的な図形によるものなので、幾何学的錯視と呼ばれています。直線が曲線に見えたり、

**用語解説**

**エッシャー**（1898～1972年）…錯視画家。オランダ生まれ。ポルトガルのS.J.デメスキータに師事。木版技術をマスターする。1968年ハーグ市民美術館で大規模な展覧会を開催。その後世界各国でも開催される。

## さまざまな「運動錯視」の図

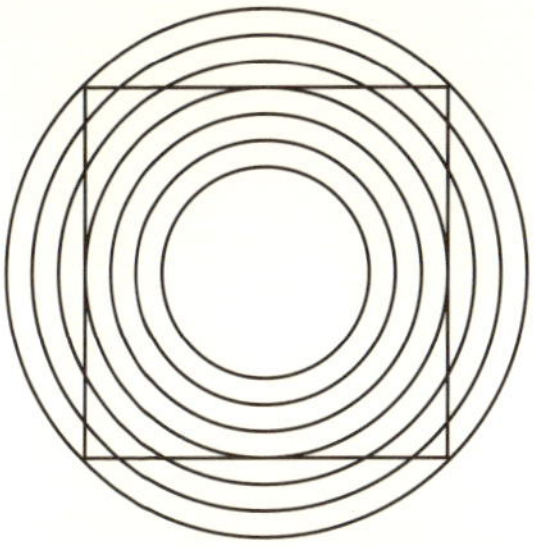

↑（図1）オーソビンの図形
中央の四角形が同心円の作用で湾曲して見えるという錯視

↓（図2）ツェルナー錯視
斜めに平行に並ぶ直線が、平行に見えないという錯視

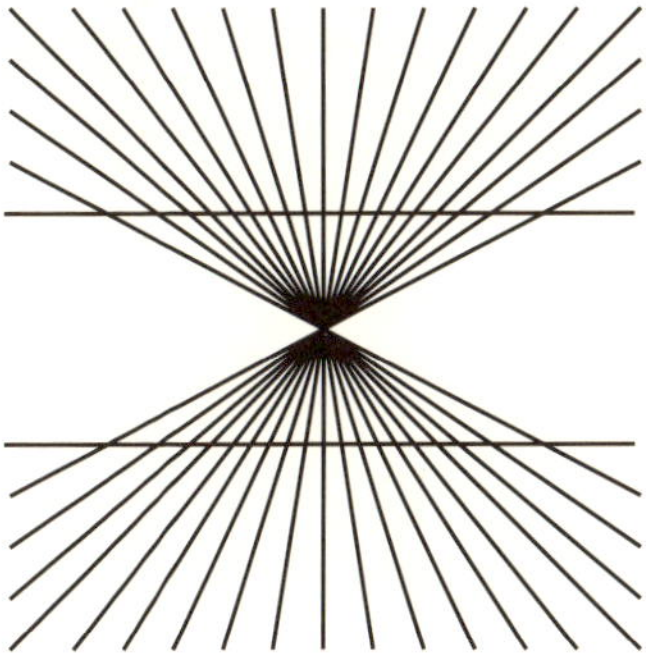

↑（図3）ヘリングの図形
放射線によって中央の平行な2つの直線が湾曲して見えるという錯視

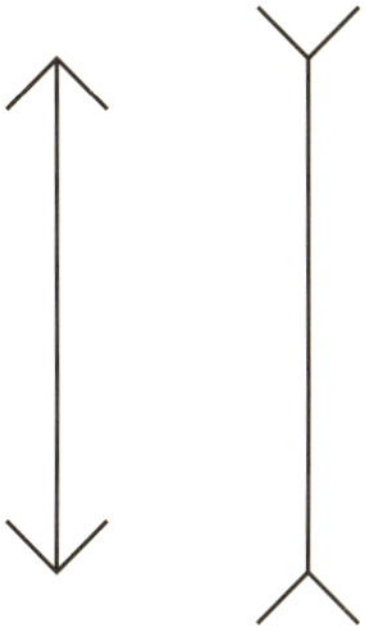

↑（図4）ミューラー・リヤー錯視
2つの線の内、右側の線のほうが長く見えるという錯視

正方形が歪んで見えたりと、さまざまな幾何学的錯視がありますが、日常にも、ごく当たり前のように錯視が存在しているのです。

　例えば、狭い部屋を広く見せるため、壁に遠近感のある絵を描いたりすることがありますし、壁一面に鏡を張りつけるのも錯視の効果を狙って部屋により奥行きを出そうとしたものです。もっと身近なところでは、メイクアップに使うアイシャドーやチークも、陰をつけて凹凸のあるように見せる錯視を使ったトリックです。

　では、錯視はなぜ起きるのでしょうか？

一説によると錯視は、人が物を見るとき、無意識にその物と距離を考え、距離に合わせて物の大きさを認識する「恒常性」のためだと言われています。例えば、1メートル先にいる友人がその場から遠ざかっていくとします。このとき、網膜に映る友人は、先にいた位置の倍、2メートルの距離に行けば、当然半分の大きさになるはずです。が、実際の感覚では、そんなに小さくなったとは感じません。これが恒常性によるもので、つまり人が知覚するのは「目に映ったそのもの」ではないということです。人は無意識のうちにもともと知っている通りにものを見ようとしているのでしょうか。

　実は、この他にも錯視にはいくつかの説があるのですが、残念ながら現段階では理論が統一されていません。

## 視覚が起こす残像現象

　さて、錯視と並んで、現実にはないものが見えるものとして**「残像現象」**があります。

## 渦巻きで起こる運動残像

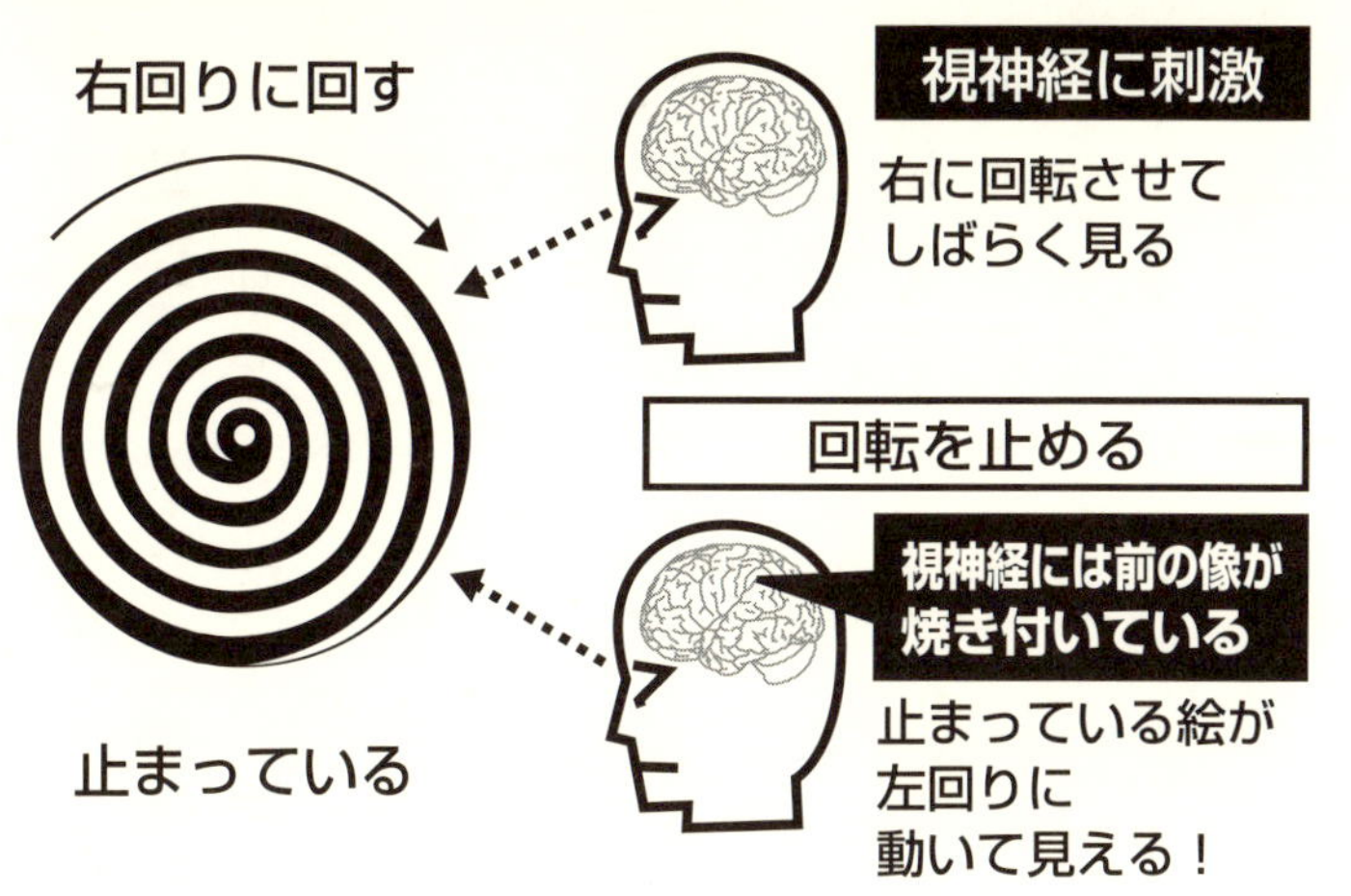
右回りに回す
視神経に刺激
右に回転させて
しばらく見る
回転を止める
視神経には前の像が
焼き付いている
止まっている
止まっている絵が
左回りに
動いて見える！

これは、前に見た刺激がなくなっているのにその感覚が残っていることを言い、例えば、上図のような渦巻状の回転盤を回してみると、よくわかるはずです。まず回転盤を時計回りに回し、それをしばらく見つめます。そして、回転を止めた回転盤を見ると、実際には止まっているはずなのに時計と逆回りに動いているように見えるでしょう。

このような残像現象は、目の生理的な仕組みが原因しています。回転盤の回転のような網膜への強い刺激は視神経を必要以上に興奮させ、その興奮は刺激がなくなった後も続きます。そのため、脳の視覚を司る神経細胞は、前の像（回転している回転盤のイメージ）を残して次の像（回転を止めた回転盤）を見ることになり、止まっているはずのものが動いているような錯覚を起こすというわけです。

# 色は人にどんな心理的影響をもたらすか？

## 医療現場でも用いられる色彩心理学の世界

心理学の世界では、色が人にもたらす影響も研究テーマの1つです。例えば赤は鮮血の色で人を興奮させる作用があり、反面緑は森の色で鎮静作用があると言われています。実際医療現場では、色のもたらす効果にいち早く着目し、手術の際の着衣や布を、かつての白から、血の赤が目立たない緑に変更しています。またＩＣＵでは患者の神経を鎮めるために壁に緑色を用いていますし、患者の心を明るくするため看護師の服にピンクを用いている病院もあるようです。ピンクは癒しの色と言われ、感情を安定させる効果があります。

### 好きな色でわかる人の性格

あなたには、好きな色がありますか？　スイスの心理学者**ルッシャー**[用語解説]によれば、色の好みには心理的な意味が隠されているそうで、好みの色により、その人の大まかな性格を読み取ることができるのも、実験で立証されています。左頁に代表的な色による性格分析の一覧表を掲載したので、自分の好きな色と性格が一致するかどうか、ぜひ参考にしてみてください。

**用語解説**

**ルッシャー**…スイスの心理学者。８色のカードを好きな順に並べるだけで、自分の性格や心理状況、ストレスなどを自己分析する方法を考案。『８色カラー・クイックテスト』として広く知られている。

## 好きな色でわかる性格一覧

| 色 | 象徴される性格 |
|---|---|
| 青 | 穏やかな海の象徴で、物静かな性格や女性らしさを表すカラー。この色を好む人は誠実で、落ち着きのある安定した性格の持ち主。対人面では何よりも信頼関係を重視し、周囲の人にも気配りを忘れない。礼儀礼節を重んじた付き合いができる。 |
| 緑 | 自負心や堅固さ、優越感を表すカラー。この色を好む人は、忍耐強く、堅実な考え方の持ち主。基本的に穏やかで、周囲の人との調和を心がけるが、自己主張が必要なシーンでは、いつでも自分の考えを冷静に伝えることができる。 |
| 赤 | 征服欲や所有欲といった欲望や男らしさを表すカラー。この色を好む人は野心的で、欲しいものは積極的に手に入れようとする行動力の持ち主。仕事に対しても意欲的に取り組むが、興奮すると爆発的に怒ったり、仲間に対して攻撃的になったりする。 |
| 黄 | 快活さ、明るさ、温かさを表すカラー。この色を好む人は朗らかで解放的な感覚の持ち主。大きな夢を持ち、それを常に実現しようとする勤勉家でもある。常に快活かつ個性的であろうと望むため、無理してストレスをためてしまうこともある。 |
| 紫 | 感覚的、神秘的、エロティックなものを表すカラー。この色を好む人は、感受性が強く繊細な面を持つ反面、ロマンティストで豊かな心の持ち主。直感力に冴えた芸術家肌で、少々ナルティスト な一面もある。 |
| 茶 | 家庭、家族、暖炉などを象徴し、安全性を表すカラー。この色を好む人は温和で協調性のある素直な性格の持ち主。人との付き合いが上手でクセのないタイプのため、悩み事の相談役になることもしばしばある。 |
| 黒 | 拒否、断念、降伏、放棄などを表すカラー。この色を好む人は自立心に富み、思うようにならない現実を変えようとする強さの持ち主。努力家ではあるが、反面、飽きっぽいところもあり、その葛藤に悩むことも多い。 |
| 灰色 | 静けさや上品さ、寂しさを表すカラー。この色を好む人は他人に対して興味が薄く、我関せずの思考の持ち主。自己中心的で人からの干渉を嫌うが、反面、優柔不断で他者に依存しようとする気持ちも持ち合わせている。 |

# 日本人が好む色って？

日本人は昔から、周囲の人と同じようでありたいという同調意識が強く、どんな時も「普通」でいることを好む傾向にあるようです。ファッションの色には自己主張の意味があるので、同調意識の強い日本人は、自分だけ目立つことがないように、他の人と同じ色を身に付ける場合が多いのもうなずける話です。特に、サラリーマンのスーツは典型的で、グレーや紺など目立たない色が大半を占めるのも、「普通」であることを意識した気持ちの表れと言えるでしょう。

ここに、日本人の色の好みを分析した結果があります。年齢や男女差で興味深い特徴が見られましたので、次に紹介しましょう。

①年齢が低いほど明るく鮮やかな色が好まれ、加齢と共に暗く鈍い色に好みが移る。
②年齢差は色の種類ではなく、明度や彩度に現れる。
③低年齢層では特定の色に好みが偏る傾向にあり、加齢と共に好みが分散していく。
④女性には紫から赤にかけての色、男性には青系の色が好まれる。
⑤女性は淡いトーン、男性は鮮やかなトーンや暗いトーンなどはっきりしたトーンを好む。
⑥女性の好みは分散しているが、男性は特定の色に集中しやすい傾向がある。

どうでしょう？　なるほど、と納得することも多いのでは？　とはいえ、色の好みは移ろいやすく、流行の色によっても変わります。最近では、ファッション業界とメディアが、色を流行らせている風潮も見られますね。

## 年齢・男女差による色の好みの推移

年齢差は、色の種類ではなく明度や彩度に現れる

# 音楽は心にどんな影響を与える？

## 音楽療法の方法とその効果

**「音楽心理学」**という分野があるのをご存知でしょうか？　昔から音楽は人の心を癒す効果があると言われ、古くは旧約聖書に、サウル王がダビデのハープによって、スペイン王がファリネリの歌声によって、いずれもうつ病が治ったという話が書かれているほどです。

　音楽心理学という分野が生まれたのは、もちろん近年のことで、ベルリン大学のシュトゥンプの音の研究がスタート地点です。その後、第一次世界大戦後に、アイオワ大学の**シーショア**が、音楽の才能を心理学的に研究することでシーショア・テスト（音楽才能検査）を考案し、今に残る名著『音楽心理学』を記しました。

　そして第二次世界大戦後は、音楽の機能研究と応用が急速に進み、単調な作業や騒音、不安などのストレスを和らげ、よりよい生活の場を作るために環境音楽が誕生しました。音楽のもたらす適度な刺激が、働く人の集中力や注意力を高めてくれるのです。また、デパートやホテルなどで環境音楽が流れているのも、多くの人が訪れ出会う場所で人間関係をスムーズにする効果があるためです。

　さらに現代では、環境音楽を精神病などの

**用語解説**

**音楽心理学**…古くは音楽家の才能や遺伝などの研究だったが、音楽を聞いて理解する面についての研究になった。現在ではバックグラウンドミュージックとして産業界での利用効果が研究されている。

## ダビデのハープによって、心が癒されるサウル王

『旧約聖書』サムエル記上16章23節より

治療に使うＢＧＭ療法、患者自身が心を解放し演じる心理劇に音楽の要素を取り入れた音楽的心理劇など、さまざまな音楽療法が登場しています。対象者は、子供では精神発達遅滞、自閉症、学習弊害などで、大人の場合は躁うつ病、神経症、心身症、アルコール依存症などですが、症状が重いケースや自我の弱い患者には、あまり効果が見られないこともあるようです。ちなみにこの音楽療法は、アメリカではかなり以前から医療の現場で利用されており、音楽療法士は学会認定の資格となっているほどです。

### 音楽療法にはどんなものがあるか？

音楽療法は、音楽を手段に患者の自己表現を促し、行動に何かしらの変化をもたらそう

**用語解説**

**シーショア**（1866～1949年）…アメリカの実験心理学者。音楽才能検査・シーショア・テスト（音の高低の知覚、強弱の知覚、時間の知覚協和音、音の記憶、リズム知覚を検査する）を作ったことで有名。

とするもので、その方法は大きく2種類に分かれます。

1つは、歌唱・楽器演奏・作曲などを患者自身が行なう能動的な方法で、抑圧された感情を即興演奏などで解放する療法や、コーラスによる集団療法などが挙げられます。

もう1つは、音楽を受動的に聴くだけの音楽鑑賞で、患者の精神状態とは反対の音楽を用いて精神状態を和らげたり、意欲を促したりする方法と、反対に、興奮状態の患者に興奮的な音楽を聞かせる方法があります。

興奮している人に激しい音楽を聞かせたら余計興奮状態になるのでは？　と思われがちですが、これは**「同質の原理」**に基づくもので、例えば、失恋した時に聴く音楽を想像するとわかるかもしれません。落ち込んでる時にテンポのいい応援ソングを聴くより、気分にぴったりの失恋の曲を聴くことはありませんか？　これは、音楽と同調し悲しみを共感することで、気持ちを浄化する作用があるからなのです。悲しい映画を見て思い切り泣くと気分がサッパリするのも、同じ心理と言えるでしょう。

最近では高齢者における痴呆症や、末期がん患者などを受け入れているホスピスでも、音楽療法による効果が注目されていますし、ボディソニック装置付きの分娩台を導入し、音や振動の効果で出産の痛みを緩和したり、出産直後のクールダウンに役立てている産婦人科もあります。

また身近なところでは、ビジネスマンやOLを対象にして流行しているリラクゼーション施設なども、音楽療法の1つと言えるでしょう。

## 音楽が心に与える効果

### 受動的な音楽療法

患者の精神状態や気分に合った音楽を聞いて精神状態を和らげる

### 能動的な音楽療法

歌唱、楽器演奏、作曲などを患者自身が行ない、抑圧された感情を解放する

# 人はどうやって行動を起こすか？

## 経験学習が行動に与える影響

人が行動を起こすのは、そのほとんどが、これまでの経験によるものと言えます。例えば、電車の発車時間に遅れそうだからと走るのは、走ったら間に合ったという過去の経験があったからで、さらに時間がもっと遅い場合は、走っても間に合わないという経験から走ることをやめ、一本電車を遅らせるでしょう。また、針や画鋲《がびょう》を落としたら拾うのも、放っておいたら足に刺さって危険だということを経験で知っているためです。当然、経験のない赤ん坊は、電車に遅れるからと焦ったり、落ちてる画鋲を危ないからと拾ったりはしないでしょう。

このように、経験によって行動を起こすことを**「学習」**と呼びます。また、走ったから電車に間に合ったといった自分自身の試行錯誤から学ぶのではなく、他の人の行動を見て覚えることを**「観察学習」**と言い、小さな子供が親や兄弟の真似をするのも、この観察学習の身近な例えと言えるでしょう。

さて、学習は大きく**「外発的動機付け」**と**「内発的動機付け」**の2通りの方法に分かれます。まず、外発的動機付けは、誰かに褒《ほ》められたいとか叱られるのが嫌だからと学

## 行動と学習の関係

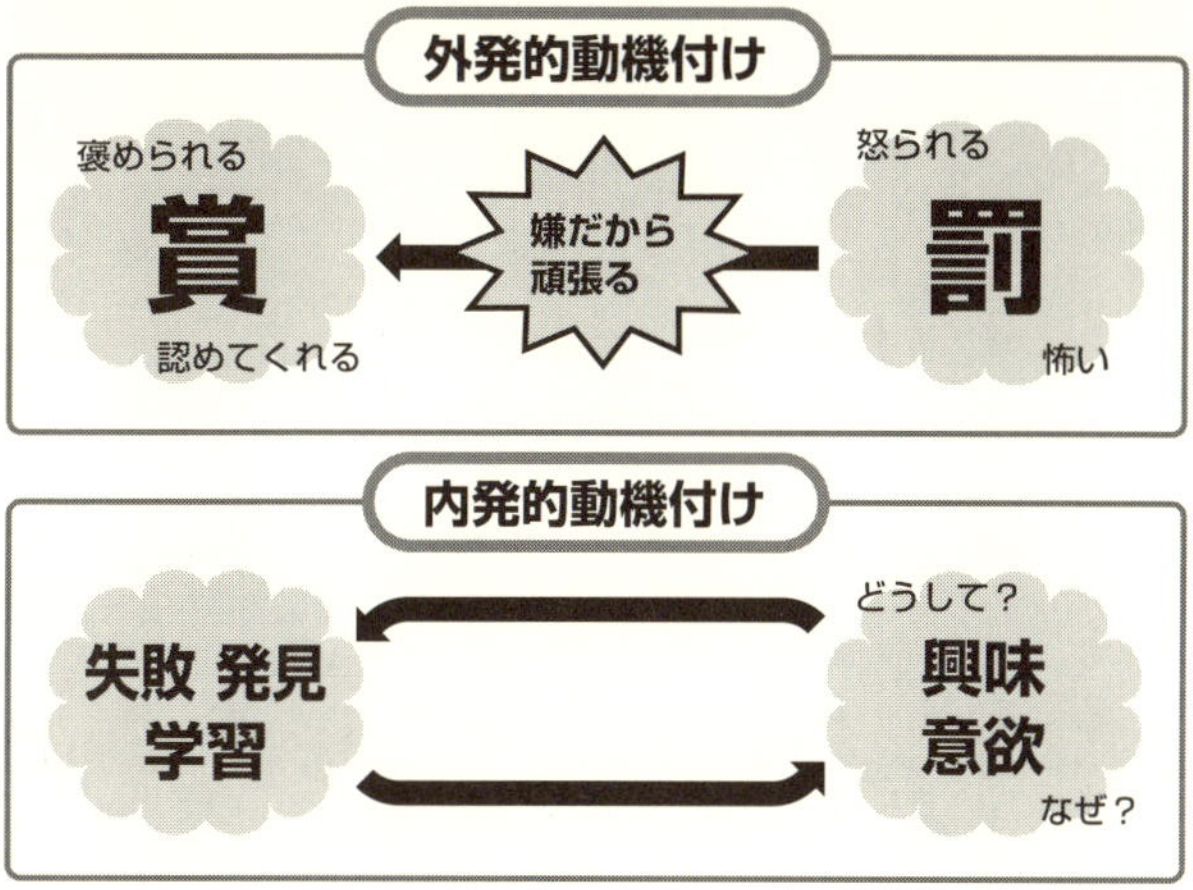


習をするケースが当てはまります。子供なら、母親に怒られると怖いから宿題を早く片付けたら褒めてもらえた、といった経験がこれですし、社会人でも周囲から能なし呼ばわりされるのが嫌で頑張った結果、上司から褒められるような業績を上げられたというのが、仕事の動機になっている人もいるでしょう。

一方、自分が興味あることに没頭する場合は後者になります。「なぜだろう?」「どうしてだろう?」という疑問や「楽しそう」「面白そう」という気持ちが、内発的動機となるのです。

内発的動機付けは、外発的動機付けに比べて持続性があると言われています。好きなことは長続きするという理屈ですね。また、外発的動機付けのように、褒めたり叱ったりのみで学習させると、賞罰のみを気にして自発的な行動への結びつきも弱くなると言われています。

ただし子供の場合は、「なぜ？」といった好奇心が内発的動機付けになるまでに時間がかかります。そこで、外発的動機付けでやるべきことをさせ、そこから生まれる驚きや疑問、好奇心が内発的動機へと変わっていくように促すのが望ましいでしょう。

## パブロフの犬による「古典的条件付け」

人の学習行動のメカニズムを、初めて科学的に考えたのは、ロシアの生理学者**パブロフ**[用語解説]です。彼は、犬にまずベルの音を聞かせ、それと同時に餌を与えるという実験を繰り返しました。すると犬はやがて、餌を与えなくてもベルの音を聞くだけで、唾液を出すようになったのです。これが有名な**「パブロフの犬」**の実験です。

この実験で犬は「ベルが鳴ると餌がもらえる」ということを学習したため、餌がなくとも唾液を出すようになったわけです。私たちがレモンを切った時に、食べてもいないのに酸っぱい唾液が出てくるのも、同じ理屈です。レモンは酸っぱいということを学習から知っているためです。

パブロフはこれを**「条件反射」**と名付け、特定の条件で身に付いた学習だと考えました。現在では、この条件反射が使われる学習を**「古典的条件付け」**と言います。

## 道具を使った「オペラント条件付け」

パブロフの犬の学習は「音を聞かされる」

**用語解説**　**パブロフ**（1849〜1936年）…ロシアの生理学者。消化腺の神経支配の研究が世界的に認められ1904年にノーベル賞を受賞。彼の構築した条件反射の理論は、後の心理学に大きな影響を及ぼした。

## オペラント条件付けの仕組み

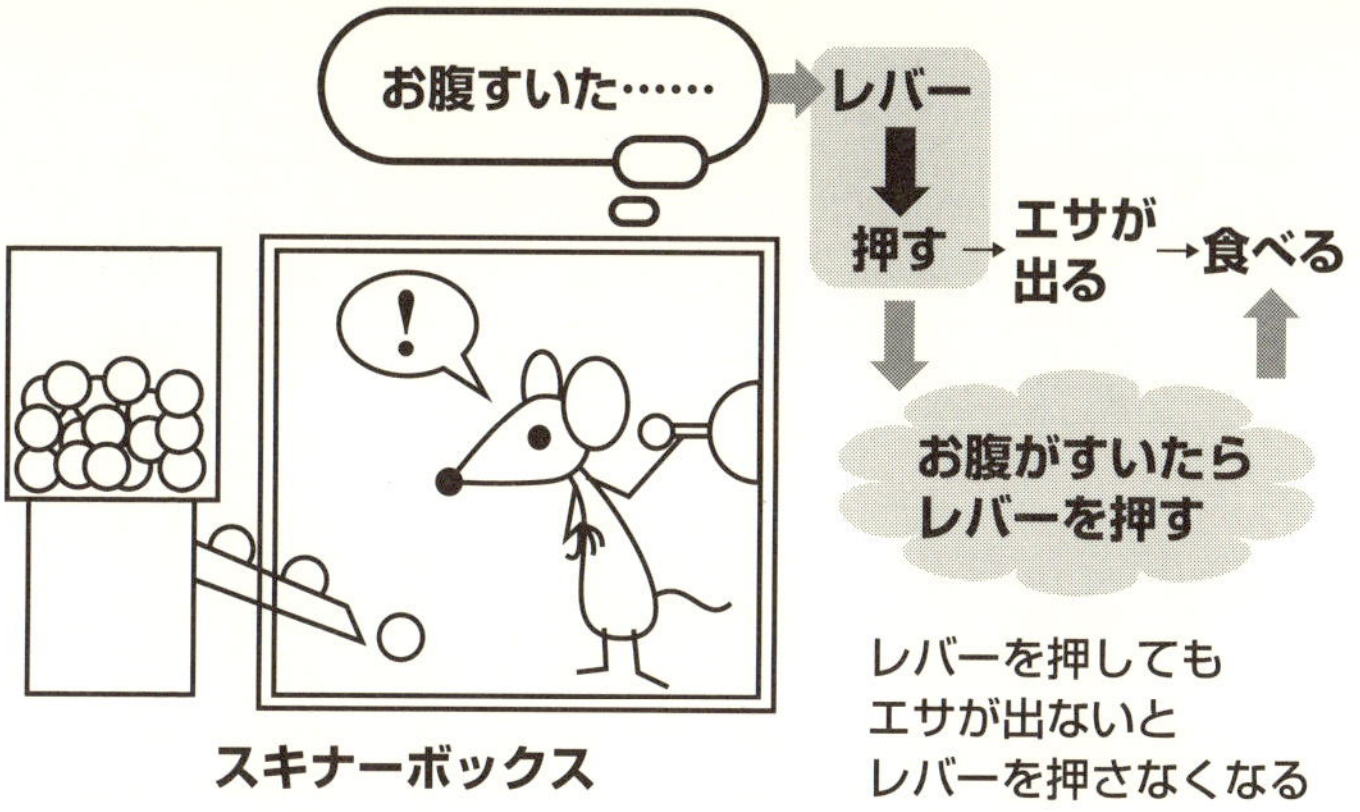
お腹すいた……
レバー
押す
エサが出る
食べる
お腹がすいたらレバーを押す
!
スキナーボックス
レバーを押してもエサが出ないとレバーを押さなくなる

「餌をもらう」という受け身のものでした。

これに対し、アメリカの心理学者**スキナー**[用語解説]は、自発的な行動と反応による学習効果を証明しています。

スキナーは、レバーに触れると餌が出るという実験装置にネズミを入れました。装置内を動き回ったネズミは、やがて偶然レバーに触れて餌にありつけます。これを繰り返すうちにネズミは、お腹がすくとレバーに触れるという、能動的な学習行動をするようになったのです。

この実験は、レバーという道具を操作することが条件となっているので「道具的条件付け」、もしくは、ネズミがたまたま行なった自発的行動という意味で**「オペラント条件付け」**と呼ばれています。

**用語解説**

**スキナー**（1904～1990年）…アメリカの新行動主義心理学者。スキナーボックスという実験装置を作り、オペラント条件付けを実証。この原理は現在の学習方法にも応用され教育現場への貢献は大きい。

## 人の感情はどのようにして芽生えるか？

### ワトソンによる「恐怖の条件付け」

人間の感情で、いちばん最初に芽生えたのは「恐怖」だと言います。なぜでしょう？

例えばあなたが「怖い」と感じたとします。すると次の瞬間には、反射的に逃げようとするのではないでしょうか？　自分の身を危険から遠ざけるための、これは当然の反応です。

人には、理性では抑えきれない感情があります。この感情は本能的なもので、理性よりも速く強く伝わることから、人が生きていくために備わっているものと考えられています。感情の発達は、自分の命を危険にさらす敵を素早く見抜くために必要不可欠だというわけです。すると、身を守るためにもっとも早く備えなければならないのは「恐怖」の感情だということになります。危険な敵を前にして「喜び」や「悲しみ」の感情しか持っていなければ、逃げるという行動に移ることはできないでしょう。つまり、人は最初に恐怖を覚え、そこから枝分かれして喜びや悲しみ、怒りといった感情を発達させたのではないかと推測されているわけです。

とはいえ人は、「獰猛《どうもう》な獣が怖い」ということを、生まれながらに知っているわけではありません。生まれて間もない赤ん坊の前に

### ワトソンによる恐怖の条件付け

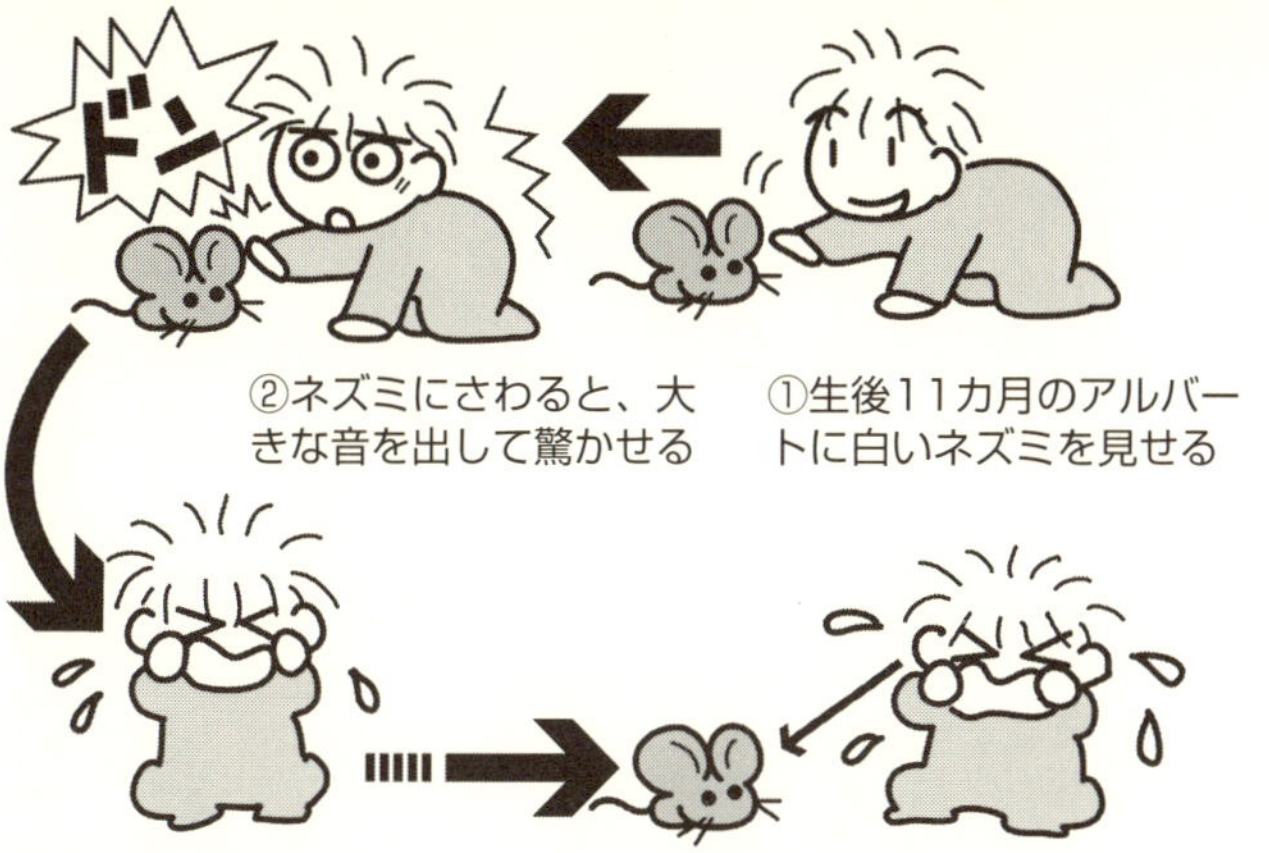


①生後11カ月のアルバートに白いネズミを見せる

②ネズミにさわると、大きな音を出して驚かせる

③大きな音に驚いたアルバートは泣き出す。これを繰り返すと……

④アルバートはネズミを見ただけで怖がるようになる

ライオンやトラを連れてきても、それが危険な動物とは思いもせず、逃げるという行動もとらないでしょう。ではなぜ、人は成長するに従い、さまざまなものに「恐怖」や「喜び」「怒り」といった感情を覚えるようになるのでしょうか？　ここに着目したのが、**「行動主義心理学」**を提唱した**ワトソン**でした。

## ワトソンの実験「恐怖の条件付け」

上のイラストは、ワトソンによる生後11カ月のアルバートを対象にした「恐怖の条件付け」の実験です。これによりワトソンは、感情も学習によって身につくと実証しました。幼い頃、犬に噛まれた経験のある人が、大人になっても犬を嫌うことがありますが、それも学習の結果と言えるでしょう。

**用語解説**

**ワトソン**（1878～1958年）…シカゴ大学、ジョンズ・ホプキンズ大学で動物心理学を学んだ後、人間心理へ。雑誌に「行動主義者の考える心理学」という一文を発表し、行動主義を宣言した。

# 人の記憶のメカニズムを探ろう

## 再認で起こる記憶の歪み

かつて、記憶はあまり歪《ひず》まないものだと考えられていました。しかし近年では、記憶というものはもともと曖昧で、時間が経つにつれて、さらに曖昧になる、というのが、心理学の世界での常識となっています。ドイツの心理学者**エビングハウス**が、自らを被験者に行なった実験結果**「エビングハウスの記憶の忘却曲線」**でも、これは証明されており、もはや記憶が忘れ去られてしまうのは、疑う余地もありません。そして、記憶が変化してしまうのは、以下のようなプロセスからだと考えられています。

### 見る人によって変わる印象と記憶

歩いている男女を見て、ある人は恋人同士だと思い、またある人は社長と秘書だと思う

**用語解説**

**エビングハウス**（1850〜1909年）…記憶に関する実験的研究を自らを被験者としてやり遂げたパイオニア。彼の実験は長期記憶を対象としたが、後に続くピーターソンらは短期記憶を対象とした。

今ここに、中年男性と若い女性が肩を並べて歩いていたとします。実際にはこの二人は父娘だとしても、見る人によっては「カップルだ」と思ったり「職場の上司と部下だ」と想像したりするでしょう。でもこの場合、相手が知り合いだとか何か重要なことに思い至らなければ、間もなく見たことを忘れてしまうものです。

が、問題は、このシーンを後で誰かに聞かれた場合です。人はこうした場合、自分の考えで物事を判断してしまいがちなので、先に「カップルだ」と思った人は、実際には見てもいないのに「腕を組んで歩いていた」などと、歪んだ記憶を思い出してしまうことがあるのです。これは「カップルなら腕を組んでもおかしくない」という思い込みが、記憶に変化をもたらした結果と言えるでしょう。

## 記憶の再認「歪んだ写真帳」の問題

一度記憶したことを思い出すには、2通りの方法があります。1つは**「再生」**と言い、手がかりのない状態で思い出すもの、もう1つは**「再認」**で、いくつかの選択肢から答えを導き出すものです。例えば、前者は「江戸時代の次は何時代か?」という問題に対しズバリ答えを出すもので、後者は「江戸時代の次は、明治か、大正か、昭和か?」という問題から1つの答えを選ぶもの、と言えばわかりやすいでしょうか。そして、この「再生」と「再認」を比べた場合、「再認」のほうが思い出すことにおいて楽であると、誰もが認めるでしょう。

ですが、この「再認」には、思わぬ落とし

穴もあります。それが、これから紹介する**「歪んだ写真帳」**の問題です。

仮に、あなたが殺人事件の犯人を垣間見たとしましょう。そして、その時あなたが記憶した犯人の特徴は「ヒゲ面で髪の長い男」だったとします。殺人事件の目撃者となったあなたは、やがて目の前に、犯人と思しき男たち数人が載った写真帳を置かれ、この中から犯人と思われる男を選ぶように指示されます。いわゆる記憶の「再認」ですね。この時、目の前に出された写真帳が左頁にあるようなA写真帳だった場合、あなたは当然③の写真を指すでしょう。ですが、Aの写真帳で記憶の再認をさせるのは必ずしも正しくはありません。なぜなら、Aは「ヒゲ面で髪の長い男」を、一人しか載せていない「歪んだ写真帳」だからなのです。

世の中には、ヒゲ面で髪の長い男はごまんといます。なのに、そういう男が一人しか載っていないAの写真帳を見せられれば、人は記憶の曖昧さから、目立つ特徴だけで判断しがちです。もしあなたに写真帳を見せて記憶の再認を行なわせるとしたら、ヒゲを生やした髪の長い男だけをリストアップした同じ左頁にあるBの写真帳を見せるのが、正しい方法と言えるでしょう。

## デジャ・ビュ体験はどうして起こるか？

初めての経験なのに「前にも同じような経験をしたことがある」と思ったり、初めて訪れた場所で「以前にもこの風景を見たことがある」と感じてしまうことはありませんか？

これを心理学では**「デジャ・ビュ**（用語解説）**（既視体**

**用語解説** **デジャ・ビュ**…初めての場所や体験を初めてではないように感じる現象。断片的に残っている記憶が起こす現象と言われている。何度も経験しているのに初めてのように感じることは「ジュメ・ビュ」と言う。

## 歪んだ写真帳

犯人らしき人たちの写真帳。
犯人はたしかヒゲ面でロンゲだったはず……

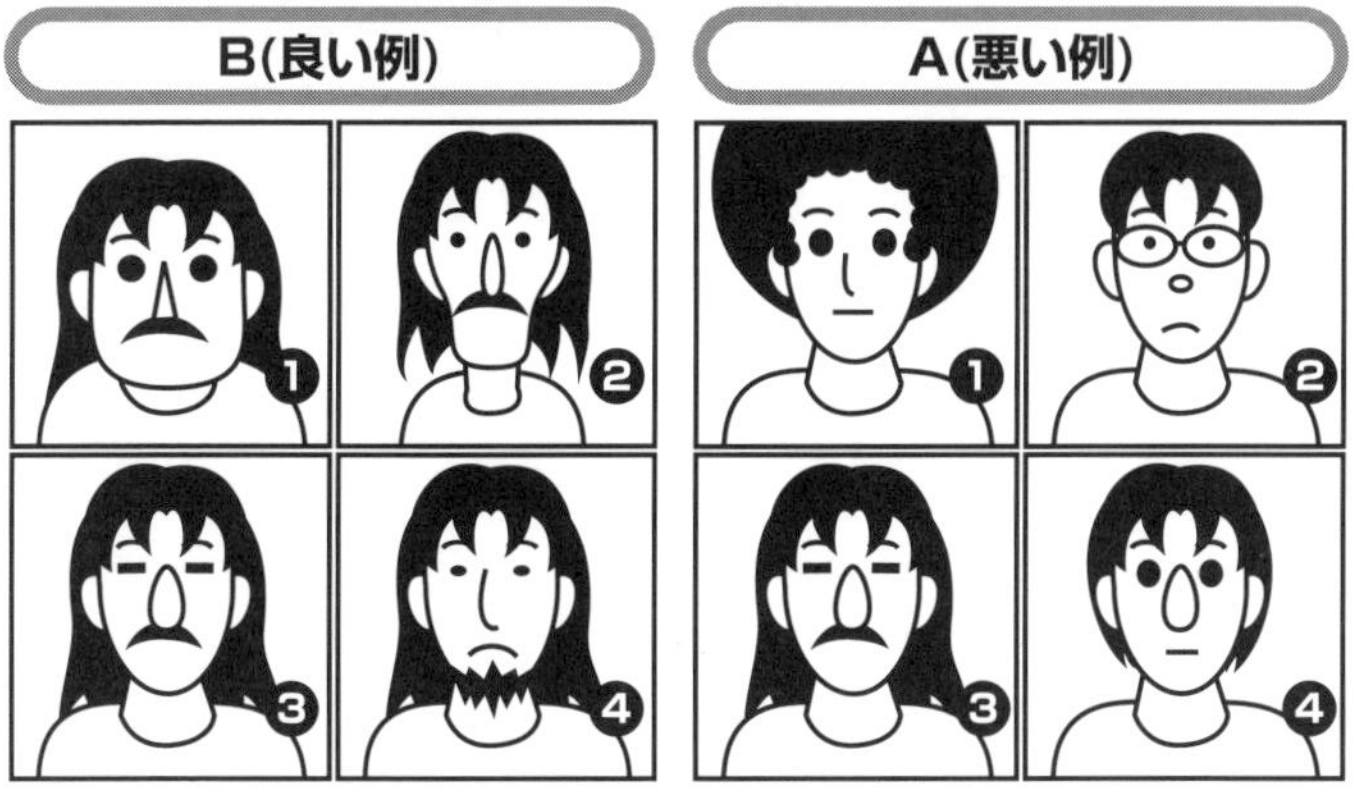


験)」と呼びます。

これは、かつてどこかで見たり体験したことの記憶が断片的に残っており、やがて同じ場面に出くわした時、「いつ」「どこで」を思い出せないまま、なんとなく見たことがあるような気がしてしまう現象で、まったく同じ場所、経験でなくても、似たようなことで起こる場合もあります。また、以前に見たものが写真や絵画であった場合も同様のことが起こり得ます。いずれにしろ、デジャ・ビュは、人の記憶がいかに曖昧かを物語る現象と言えるでしょう。

ただし、精神分析学者フロイトの説は、一般論とは違うようです。彼によるとデジャ・ビュは、人間の抑圧された願望や、無意識下の幻想が引き起こす錯覚の1つと考えられています。

## ちょっとティータイム♪

### ◆手軽に心を癒す方法① アロマ◆

アロマテラピーという言葉が定着してだいぶ経ちます。最近では専用のアロマオイルやお香がどこでも手に入り、手軽にさまざまな香りを楽しめるようになりました。

実際匂いには、脳に働きかけて、ホルモンなどの分泌に影響をもたらし、心を鎮めたり、また高揚させたりする効果が認められています。そこで「心に効く」香りで、ポピュラーな物をいくつかご紹介しましょう。その日の気分で楽しんでみて下さい。

ただし、強すぎる香りは逆にストレスになってしまうので量を調整してください。

**香りによって異なる効果**

☆疲れた心を癒し、ぐっすり眠りたい…ラベンダーやカモミール
☆興奮した神経を静めたい…シダーウッドなどの森林系
☆落ち込んだ気分を盛り上げたい…柑橘系のグレープフルーツやオレンジ
☆恋人とロマンチックなムードになりたい…ヴァニラ
☆華やいだ気分になりたい…ローズ系
☆気分がちょっぴり憂鬱な時…セント・ジョーンズ・ワート
☆シャキッとお出かけしたい…ペパーミントやティートゥリー

# 第2章

# 性格や感情の裏側にあるもの

【心理学における「性格と感情」】

# 性格って何？　キャラクターとパーソナリティの違いを知ろう

## 先天的な特性と、後天的な人格

普段我々は「性格が明るい」とか「性格が暗い」とか何気なく口にします。では、その性格とはいったい何でしょうか？　心理学でいう性格とは**「キャラクター（character）」**と、**「パーソナリティ（personality）」**の2つの言葉の訳語とされています。

キャラクターはもともとギリシャ語の「刻み込まれたもの」「彫りつけられたもの」という言葉が語源となっており、その人が本来持って生まれた特性を指します。

一方のパーソナリティは、ラテン語の「ペルソナ」＝「仮面」を語源とし、ユングの元型論の中の「人間は仮面を付けたり外したりするように、その時と場合に応じて相応しい役割行動をしている」との一節に登場、劇中の俳優が演じる役をも意味するようになり、さらには「ある特徴を持った人」という意味にも使われるようになりました。

また、心理学におけるパーソナリティには、2つの見解があります。1つは、**オルポート**《用語解説》らが説く「その人らしい行動の傾向を生み出すもの」という説です。

つまり、人間にはそれぞれ、その人らしい行動や思考のパターンがあり、その人の内面

**用語解説**

**オルポート**（1890～1978年）…アメリカの心理学者。パーソナリティ研究に尽力し、特性論の基礎を築いた。1959年に、その功績が認められ、アメリカ心理学会の特別科学功労賞を受賞している。

## 先天的な性格と後天的な性格の違いについて

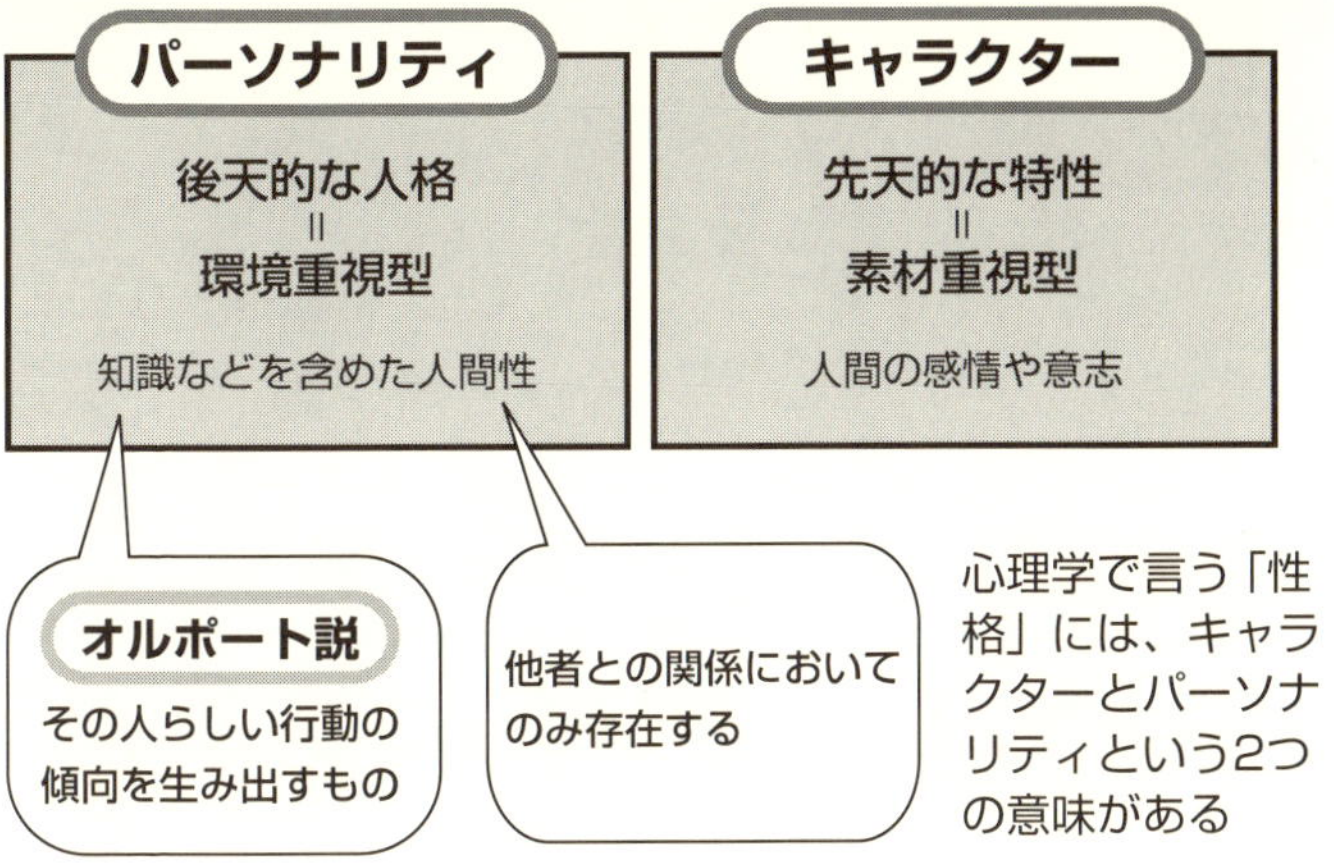

心理学で言う「性格」には、キャラクターとパーソナリティという2つの意味がある



にある一貫した持続的な傾向がパーソナリティであるというものです。

もう1つは、「パーソナリティは他者との関係においてのみ存在する」という説です。

簡単に言えば、接した相手にどんな人間として受け取られるか、どんな印象を与えるか等、対人関係における社会的効果であるという考え方です。

このように、キャラクター、パーソナリティ、いずれも個人の行動様式の特徴性を示すものですが、キャラクターが先天的な特性を示すのに対し、パーソナリティは社会生活を送る中で身に付く、後天的な人格を指すものだとされています。つまり、キャラクターは素材重視型、パーソナリティは環境重視型という訳です。

さらにこの2つの違いを示すのに、人間の

感情や意志はキャラクター、知識などを含めた人間性をパーソナリティとする見方もあります。

## 性格を表す「気質」

性格を表すのに、朗らか、穏やか、怒りっぽい、くよくよしやすいなどなど、さまざま言葉がありますが、これらのようにその人の感情面での特徴や特質を一般的に**「気質(temperament)」**と言います。そしてこの「気質」には、物事に対する感じ方や、反応の強弱、速さ、その人の根本的な気分の特色などが含まれ、先天的なものと見られています。気質を性格の源と考える見解もありますが、気質は感情の特質であり、性格は意志の特質とする考え方もあります。

## 個性とは?

彼の意見は個性的だとか、彼女は個性的なファッションをしている、といったように日常的によく使われる「個性」という言葉は、心理学的にはどんな意味を持つのでしょう?

**「個性(individuality)」**とは、ある人を他者と区別するような、その人が持っている全体的な特徴を言います。

個性には本来「分割することのできないもの」「他のものに置き換えることのできない独自のもの」という意味があり、性格の特徴だけでなく、能力や容姿、服装や行動についても使われます。

性格はトータルな意味でその人の行動の端々に現れてくるものです。

## 個性って、どういうことなんだろう？

個性は、性格や能力をはじめ、容姿や服装、行動などにも現れる

# 自分の意外な一面にハッとする性格分類

## クレッチマー、ユング、フロイトの性格分類

その人がどんなタイプの人間なのかを知るための方法が性格分類です。これを用いることによって、人は意外と気づいていなかった自分の性格や、心の奥に隠された思わぬ一面を探ることができます。

性格分類には、大きく分けて**「類型論」**と**「特性論」**という2つの考え方があります。類型論は人の性格をいくつかのタイプに分類する方法で、個人の性格の特徴を「質」の違いによって分類する方法です。一方の特性論は人間の性格を活動性、社会性、依存性、劣等感など12の特性に分け、それぞれの特性をどれぐらい持っているか、その「量」によって性格の違いを分類する方法です。現在日本で一般的に使われている性格テストは、この特性論に基づき、行なわれています。

### 体格で性格がわかっちゃう？

類型論の中でも有名なのが、**クレッチマー**（用語解説）の類型論です。精神病理学者であった彼は、多くの患者と接した経験から性格と体型の間には一定の関係があると気づきました。そして人間の体型を「肥満型」「細長型」「闘士型」

**用語解説**

**クレッチマー**（1888〜1964年）…ドイツの精神医学者。体質生物学的な精神病理学を構想した。体格と性格に関する論文が有名で、著書に『医学的心理学』『性格と体格』などがある。

の3タイプに分け、それぞれの性格（気質）について次のように説きました。

①肥満型……躁うつ気質

社交的で明朗活発、他人に対して親切。ただし、感情にムラがあり、突如うつ状態になっては、くよくよと考え込んでしまう。

②細長型（やせ型）……分裂気質

物静かで控えめ。非社交的で自分の殻に閉じこもる傾向がある。他人の言葉に反応しやすく、生真面目な反面、他人の気持ちにはまったく無関心で鈍感な面を持つ。

③闘士型（筋肉体型）……粘着気質

頑固で粘り強く、几帳面。真面目で正義感が強いが、融通がきかず、気に入らないことがあると突然激しく怒りだす。興奮しやすい。

もちろん、体型だけですべてを理解するということは不可能ですが、自分や相手の性格を探る手がかりの1つになるのではないでしょうか。

**クレッチマーの類型論**

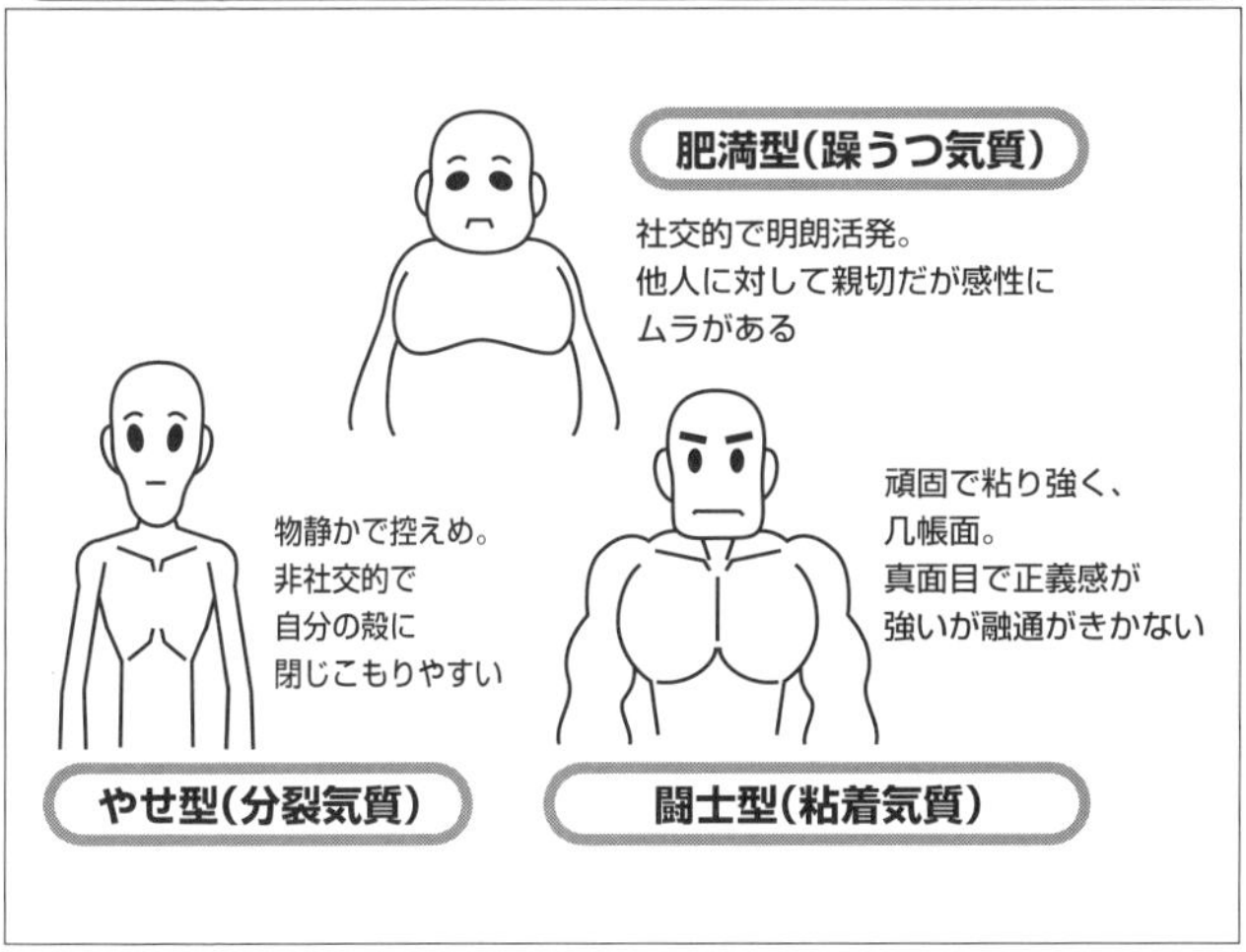

## ユングの向性分類

**ユング**は人の関心の心的エネルギーが、自分自身の外側と内側どちらに向かっているかで性格を**「外向型」**と**「内向型」**に分けました。

外向性の人は明るく積極的な人に映り、内向性の人は非社交的で我慢強い性格に映ります（左頁の図を参照）。

しかし、外向性の人が自信家で内向性の人が実行力に欠けるかといえば、一概にそうとは限りません。もちろん関連性は否定できませんが、一般に、その人が他者からどんなイメージを持たれやすいか、どんな人間に見えるか、といった傾向と結びつけられやすいと言えます。

## フロイトの性格理論

**フロイト**は人間の心をその機能によって**「エス（イド）」「自我（エゴ）」**「**超自我（スーパーエゴ）」**という3つの側面に分けて考えました。

エスは無意識的、衝動的な側面で、本能のままに快楽を求めます。

超自我は、一般に道徳心や良心と呼ばれるものです。

そして自我は意識的な部分で衝動的なエスを抑え、道徳的であろうとする超自我との調整役を果たします。人はエスが強すぎると衝動的な人間になり、超自我が強すぎると堅物になってしまうため、間を取り持つ自我が弾力性に富んでいることが理想的です。

**用語解説**

**ユング**（1875～1961年）…スイスの心理学者＆精神分析学者。フロイトに師事するも、やがて離反。無意識の探究や、コンプレックスの研究などで有名。現代心理学の基礎を築いた一人でもある。

## ユングの向性分類

| | 内向型 | 外向型 |
|---|---|---|
| 人間関係 | ●自分の殻に閉じこもりがち<br>●人前で話をするのが苦手 | ●社交的で、交際範囲が広い<br>●世話好き<br>●他人がいるところのほうが仕事ができる |
| 行動力 | ●無口で融通が利かない<br>●我慢強い<br>●ひかえめで、考えが深い | ●陽気で、劣等感がない<br>●ユーモアがある<br>●感情の表現が豊か |
| リーダーシップ | ●迷うことが多い<br>●実行力に欠ける<br>●周囲の変化に柔軟に対応できない | ●決断が早い<br>●統率力がある<br>●周囲の変化に感心があり、調和を心がける |

内向的性格
外向的性格
→ユーモアがあり、統率力に長けている
←非社交的で決断力に欠ける

**用語解説**

**フロイト**（1856〜1939年）…チェコスロバキア生まれのユダヤ人。心理学者にして臨床医でもある。独自の精神分析理論を築き、日本でも夢判断などでよく知られている。

# 性格を作るのは遺伝？　それとも環境？

## 遺伝と環境の相互関係

私たちの性格はどのように形成されていくのでしょうか？　自分自身を思い返してみても、親と似た部分もあるし、家庭以外の環境（生まれ育った地域や友達、学校など）による影響も大きいように思われます。

これまでの研究では、親から受け継いだ遺伝子と生まれ育った環境が互いに影響し合うという**「相互作用説」**が有力となっています。

### ジェンセンの環境閾値《いきち》説

用語解説 **ジェンセン**は人間の遺伝的な素質や才能は、その能力が現れる（閾値《いきち》水準）の環境が与えられるかどうかで、その発達に影響があると説いています。例えば、身長などの身体的特徴や知能など親の遺伝的要素が強いものは環境による影響も少ないのですが、学業成績や音感、外国語の発音といったものは、より適切な環境が与えられないと伸びないことがわかっています。

### ふたごは性格も同じ？

遺伝的な要素が性格の形成にどう影響を与

**用語解説**　**ジェンセン**（1923年〜）…アメリカの心理学者。一般知能の個人差、テスト・バイアスなどの領域で優れた業績を持つ。69年に知能の遺伝規定性と人種差別の関連を扱った論文を発表し、問題となった。

## ジェンセンの環境閾値説

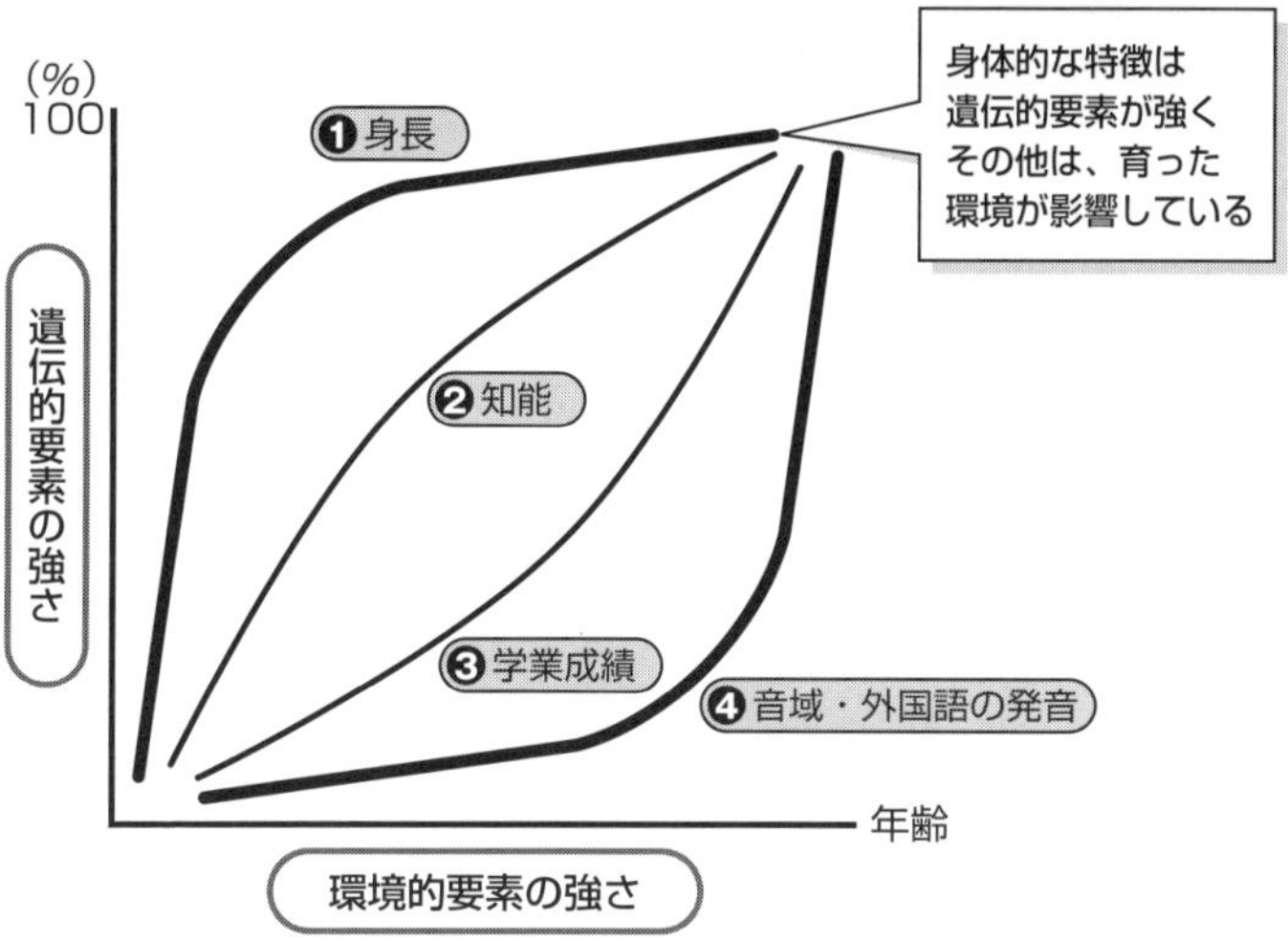




えるかを、一卵性双生児と二卵性双生児とで比較研究した**「双生児法」**があります。これによると、一卵性双生児が外見や身長、体重などの身体的特徴が似るのは見てわかりますが、さらに虫歯になる場所や本数、性格や癖、運動能力さえも二卵性双生児より似ていると報告されています。また、生まれてすぐに別々の家で育てられた双生児ほど性格がより似ているという調査結果もあります。これは、別々に育てられたほうが、遺伝的に受け継いだ性質や要求が妨げられずに成長するためで、逆に同じ家で育てられた場合、普通の兄弟のように、親が二人の特徴をそれぞれ違う側面から伸ばそうと育てるためだと考えられています。つまり、生活環境によって作られる違いはあっても、性格の形成に遺伝子が大きく影響を与えているということが言えます。

# 家庭環境と性格①親が子の性格形成に与える役割

## モデリングにより形成されていく性格

### 子供は親の鏡？

アメリカの心理学者**バンデューラ**（用語解説）によれば、子供は大人に命令されたことはしないで、むしろ大人たちがやっていることをマネするものだと説いています。つまり子供は教えられなくても、周りの誰かを手本にして学んでいくもので、これを**「モデリング」**と言います。そして、子供にとって一番身近なモデルはまさに親なのです。子供は両親に対して強い愛着を持ち、幼い時期から性別によって異なる

**子供は親の鏡**

**用語解説** バンデューラ（1925年～）…カナダ生まれの心理学者。アメリカにおいて、行動主義的学習理論によって社会化とパーソナリティの発達の問題を研究した。

行動を感じとり、学習しています。その一端はままごと遊びに見ることができます。この遊びの中で子供たちが作り出す世界は、普段自分たちが見ている日常生活の繰り返しです。例えば、女の子は母親をモデリングして料理を作ったり赤ちゃんの世話を焼き、男の子は父親の行動をモデリングして、会社から帰ってくる夫を演じたり、晩酌の真似をしたりしています。まさに子は親の鏡というわけです。

また、このモデリングを親が逆手にとってしつけの手段に使うこともあります。「お姉ちゃんを見習いなさい」とか「ママと一緒にお片付けしましょう」など、他人を引き合いに出したり自分がして見せたりして、子供に覚えさせていく方法です。こうしたしつけを日米で比較したところ、アメリカ人の母親にはほとんど見られませんでした。これは他人を気にすると言われる日本人に特有のしつけ方法だといえるのではないでしょうか。

## 父親の物理的&心理的不在が与える影響

前の項で述べたように、子供に対する親の影響は多大なものがあります。

しかし、1996年の文部省（現文部科学省）の調査によると、日本では父親と子供が一日に過ごす平均時間が他国に比べて大変短いという結果が出ました。またこの調査では、父親の物理的、また心理的不在の家庭では子供のしつけに甘さがあったり、子供の知的発達が遅れる傾向にあるという結果も報告されています。さらに、父親の不在が母親を子供に密着させ、その結果子供が青年期をむかえても自我を確立できない、マザー・コンプレックスとなってしまう例もよく見られます。

もちろん、父親の不在が必ずしも子供の性格を歪めたり、発達に支障をきたす原因となるわけではありません。父親の単身赴任を境に、逆に留守家庭を中心に家族の絆が深まるというケースもあるからです。

## 母親の物理的&心理的不在が与える影響

**「アフェクションレス・キャラクター（情愛のない性格）」**という言葉をご存じですか？これは、幼い頃に母親不在を体験した子供が、成長後に示す歪んだ性格を言います。

このタイプは、一見愛想がよくうちとけやすいように見えますが、心から他人に愛情を持つことがなく、盗癖や嘘、残忍などの性格的な特徴を秘めています。


ウィスコンシン大学霊長類研究所長の**ハリ・ハロー**《用語解説》は、乳児が母親の肌と触れ合うことの重要性を子猿を使った実験で明らかにしています。

生まれて間もない子猿を、それぞれ針金で作った代理母と、母猿に似た肌触りの柔らかい布で作った代理母で育てました。すると子猿は、布製の代理母に強い愛着を示し、不安になったり驚いたりすると、布製の代理母にしっかりと抱きつきました。ところが、針金製の代理母を与えられた子猿は代理母にはなつかず、成長してから協調性に欠け、激しい攻撃行動を見せるようになりました。また、布製の代理母で育てられた子猿も、針金製ほどではないにしても情緒的に未成熟で、仲間とうまく遊ぶことができませんでした。

この実験から、母親とのスキンシップは子

**用語解説**
**ハリ・ハロー**（1905〜1981年）…アメリカの実験心理学者。スピッツやボウルビーが提唱した愛着（アタッチメント）理論を、1950年アカゲザルをつかった代理母実験により実証した。

## ハリ・ハローの代理母実験

小猿は針金の代理母にはなつかず、協調性に欠ける大人に成長する

布製の代理母のもとで育てられた小猿は、ちゃんと代理母になついた

供の不安を和らげ、情緒の安定した性格を形作るうえで重要な働きをしているということが確認されました。

さらに、母親不在は、実際に母親がいない場合もありますが、それ以上に心理的な母親不在が問題になります。乳児は3歳までに**コア・アイデンティティ**を確立します。そしてこのコア・アイデンティティが思春期におけるアイデンティティ確立の基礎となるのです。ところがさまざまな事情で乳幼児期に安定した母子関係を持てなかった子供は、アイデンティティが形成できないなどの影響を受けていると言うのです。

子供は母親の言葉を頼りに、自分がどういう人間か自己像を形成していきます。そのため、母親が子供に対してどう思っているかをきちんと伝えていないと、子供は母親から見

**用語解説**

**コア・アイデンティティ**…アイデンティティ（人格における存在証明、または同一性）の確立につながる核心部分。ここでは、乳児が母親や家庭から最初に抱くシンプルなものを指す。

た自分のイメージを対象化することができなくなり、自己像を作り上げられなくなってしまいます。

よく、「お父さんに叱られるわよ」とか「怖いおばちゃんが睨んでるからやめなさい」などといった叱り方をする母親がいますが、子供から見るとそこには母親自身の意見は不在で、これは自己像を発達させるうえで大きなダメージになります。

**大阪教育大学付属池田小学校襲撃事件**の犯人である宅間被告は、幼い頃から家庭環境に恵まれず両親の心理的不在状態にあったと報告されています。事件後も被害者の感情に対し、無関心かつ残忍な言動を繰り返す彼の性格は、まさにアフェクションレス・キャラクターそのものと言ってもいいでしょう。

だからといって過剰な干渉を続けると、これもまた子供の性格形成にマイナスの影響をもたらしてしまうことがあります。

**長崎で起こった中学生による幼児殺害事件**を思い出してください。加害者である少年の母親は教育熱心でしつけには厳しかったといいます。しかし母を過剰に意識した少年は、事件の発覚を恐れ、幼児を立体駐車場から地上に捨てて（隠して）しまいました。

左頁の図を見ていただけたらわかるように、子供を厳しく支配しようとしすぎると、逆に逃避的でサディズム的な性格を生んでしまう傾向が見られます。この事件はまさに、家庭環境と性格の密接な関係が引き起こした悲劇と言えるのではないでしょうか。

このように、人の性格を形成するうえで、母親のぬくもり、ふれあい方がもつ意味は非常に大きなものがあると言えるでしょう。

**用語解説**

**大阪教育大学付属池田小学校襲撃事件**…2001年6月8日、大阪教育大学付属池田小学校に刃物を持った男・宅間守（当時37歳）が乱入し、児童教職員26人を殺傷（うち児童8人が死亡）。

## 親の態度に対する子供の反応

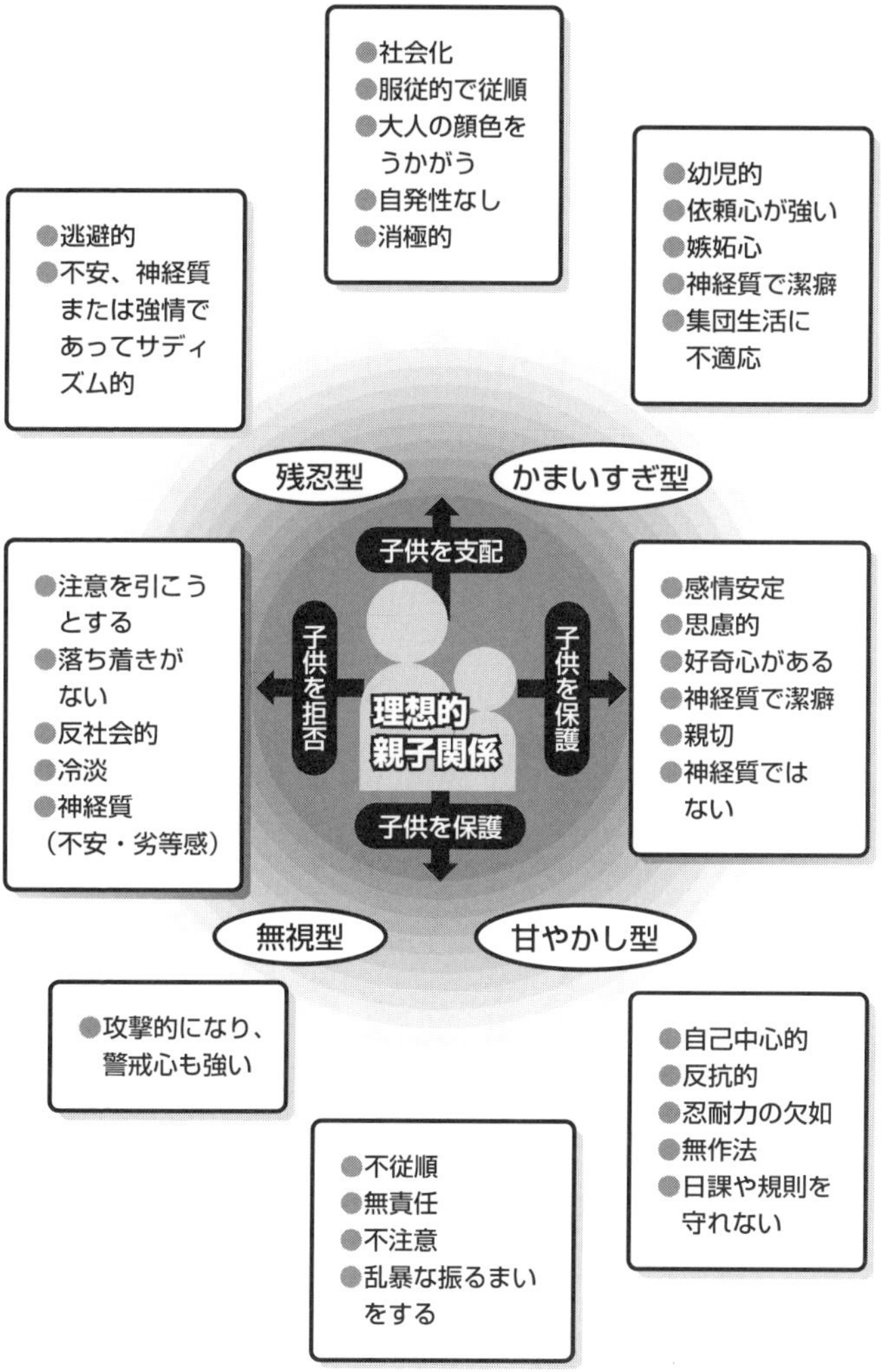


●『手にとるように心理学がわかる本』渋谷昌三（かんき出版）より

**用語解説**　**長崎で起こった中学生による幼児殺害事件**…2003年7月2日、長崎市の立体駐車場から種元駿ちゃん（当時4歳）が遺体で発見された。犯人は12歳の中学生男子で、悪戯目的で連れ出し、騒がれたため殺害したと供述。

# 家庭環境と性格② きょうだいでなぜ性格が違うの?

## 出生順序や家庭環境が及ぼす性格差

同じ両親のもとに生まれ、同じ家庭環境で育ちながらも、きょうだい（兄弟姉妹）で性格が違ってくるのはなぜでしょうか?

### 親の接し方の違い

大きな原因として考えられるのは、それぞれの子供に対する親の接し方の違いです。どこの家の親も、第一子（長子）に対しては、すべてが初めての経験となるため一生懸命になります。ところが、第二子（次子）以降の場合はすでに経験したことの繰り返しで、子育てに対する感動や関心が薄れ、子供に対する態度が変わってきます。すると次子は親の関心をひくために、長子と違った行動を取るようになります。目立ったことをしてみたり、兄（姉）が叱られたことは弟（妹）はしなくなったり、さらに褒《ほ》められていれば、それを真似するモデリング行動もまた次子的性格を生み出すきっかけになると考えられます。

また、親は長子には「早く自立して欲しい」と期待する傾向にあり、逆に次子には「いつまでも子供のままでいて欲しい」という気持ちが働く傾向にあるようです。一般的に末っ子が甘えん坊で破天荒になりやすいというのも、長子に比べて親の目が甘くなるからだとも言えるのではないでしょうか。

## 長子的性格と次子的性格の違いを見てみよう

親が「お姉ちゃん（お兄ちゃん）なんだから我慢しなさい」などと言うのも、子供にお姉ちゃん、お兄ちゃんらしくふるまうという性格を植えつける原因になります。きょうだい同士が名前で呼ばずにお姉ちゃん、お兄ちゃんと呼ぶのも、それぞれ兄と弟、姉と妹といった役割分担を認識し、その立場に応じた性格を身に付けていくと考えられます。ちなみに、放送大学の永野重史教授と昭和女子大学の依田明教授が研究対象とした二人きょうだいの場合、その80％以上の家庭で、「お姉ちゃん」「お兄ちゃん」と呼び合っていたということです。

このように同じ家庭で育っても出生順位によって親の接し方が違い、またきょうだい関係の質に差が出てくるためにきょうだいの性格が違ってくると考えられます。

**長子と次子の性格の違いについて**

| | |
|---|---|
| 長子的性格 | ●何か行動を起こすときは、まず人の迷惑になるかどうかを考える<br>●面倒なことはできるだけしない<br>●欲しいものがあっても遠慮する<br>●自分の用事を人に頼んだり押しつけたりするのが平気<br>●話し手よりも聞き手に回ることが多い<br>●よそへ行くとすましやさんになる<br>●丁寧に失敗しないように仕事をする |
| 次子的性格 | ●人に褒められると、すぐに調子にのる<br>●外へ出て遊んだり、騒いだりするのが好き<br>●自分の考えを押し通そうとする<br>●困ることがあると人に頼ろうとする<br>●人のマネをするのが上手<br>●明朗活発で、おしゃべり<br>●とても焼きもちやき |

スポーツや芸能界で活躍するきょうだいにおいてもこのような特徴はよく見られます。例えば、兄弟漫才で人気の中川家。押しの強い弟が口下手キャラの兄をリードして絶妙なボケ（兄）とつっこみ（弟）を披露しています。また競馬界をリードする武兄弟を見ても、丁寧に仕事（レース）を重ねる兄の豊氏と、その兄の姿をマネ（学び）頭角を表した幸四郎氏。インタビューをとっても、物静かに言葉を選んで語る豊氏に対して、弟の幸四郎氏は屈託なく自分の考えを述べており、まさに長子と次子の性格の見本のようです。

なお、この性格の違いは、年齢差が2～4歳の場合にもっとも顕著に現れます。

## 中間子の性格は？

三人兄弟（姉妹）の真ん中にいる子供を、中間子といいます。少し前にヒットした『だんご3兄弟』という歌がありますが、三番の歌詞の中に、中間子をうまく表現した件りがあります。

**長男は弟思いで、三男は兄さん思い、次男は自分が一番！**

という内容なのですが、上と下の兄弟に挟まれている中間子は、歌詞にあるように両方の兄弟に負けまいと自分を主張しないとやっていけないわけです。依田氏によれば、中間子の特徴として、

**①よく考えないうちに作業を始め失敗することが多い**
**②面倒がらないで仕事を一生懸命にする**
**③気に入らないとすぐに黙りこむ**

などの性格を挙げています。

## きょうだいで違う性格

長子は均等に切り分けることを、次子は自分が一番大きいものを、末っ子は早く食べたいと思っている



## 一人っ子の性格は？

では、上や下に影響されない一人っ子の性格はどのようなものでしょうか？

きょうだいがいないということもまた、性格を形成するうえで大きな意味を持ちます。

一般的に一人っ子の性格的な特性としては、わがまま／飽きっぽいが、はまるとかなりの凝り性／協調性に欠ける／競争心が少ないなどが挙げられます。

子供の頃から大勢よりも一人で遊ぶことが多く、きょうだいで物を取り合うなどのケンカをしたり、我慢をさせられたりする経験が少ないことが、このような性格特性を形成すると考察されます。

# らしさって、何？「男らしい性格」「女らしい性格」とは？

## 社会によって定義付けられた性別の役割

人の性格を表すのに「らしさ」という言葉があり、よく「男らしい」とか「女らしい」という表現などで使われていますが、では、異性から見た男らしい人、女らしい人とはどんな人を指すのでしょうか？

白百合女子大学の柏木恵子教授の調査結果によると、男性が女性に期待する「女らしさ」とは――

①従順で謙虚、②男性に対して依存的であること、③美しくて、可愛らしいこと、④細やかであること、⑤仕事に熱中しすぎないことなどでした。

かたや女性が男性に期待する「男らしい」特性としては――

①頭がよくて学歴があること、②線が太くて指導力があること、③背が高くて仕事に一生懸命専念できること、④視野が広く、自分の考えや行動に自信があること、などだそうです。まさにひとところ騒がれた「3高（高身長・高学歴・高収入）」という言葉を思い出してしまうような結果ですね。

実際にはこれらすべて兼ね備えた女性や男性はかなり少ないことでしょう。ところが、男性の多くは女性にこのような役割を期待し、

### 「男らしさ」「女らしさ」度をチェックしてみよう！

**♀ 女性性の場合 ♀**

- □ 人に尽くすのが好きである
- □ いつもにこやかである
- □ 物わかりが良い
- □ いつも人に気を配っている
- □ 従順である
- □ かわいげがある
- □ おだてられるとうれしい
- □ 献身的である
- □ ひたむきに人を愛することができる
- □ 子供が好きである

**♂ 男性性の場合 ♂**

- □ 自己主張ができる
- □ たくましいと思う
- □ 積極的である
- □ 判断力がある
- □ 分析的に考える
- □ 押しが強い
- □ 人に頼らない
- □ 運動が得意である
- □ 信念をもっている
- □ 行動半径が広いほうである

前記のような要素をより多く持っている女性ほど「女らしい」と評価するわけです。

女性もまた男性にこのような役割を期待して「男らしい」かどうかチェックしているのです。

## 時代とともに変化する「男らしさ」「女らしさ」

まず、上の図の心理テストを行なってみてください。あなたは男性性と女性性のどちらのほうに多くチェックがつきましたか？

おそらく女性だから女性性が高く、男性だから男性性が高いという結果にはならなかった人もいるのではないでしょうか？これは、男らしさや女らしさが、必ずしも生まれ持った「性別」とイコールではないということを示しているのです。

前述の柏木教授の調査結果にも見られるように、男らしさや女らしさは生まれつきのものではありません。性別による役割（らしさ）のほとんどは、社会によって定義付けられ、そしてしつけによって作られているのです。

例えば、子供の頃から男の子は強くたくましく、女の子は優しくしとやかであるべきだと言われて育ちます。実際女の子は掃除や料理など家事の手伝いをさせられたり、服装や言葉づかいなどを注意されたりします。

一方男の子もまた、たくましくあれと、武道を習わされたり野球やサッカーなどのスポーツチームに所属させられたり、「女の子は守ってあげなさい」と注意されながら育ちます。それが無意識のうちに固定観念となり、男らしさや女らしさというイメージを身に付けていくのです。

しかしながら、現代においてはこの男らしさや女らしさのイメージは徐々に変質してきています。

例えば、男言葉を使うティーンエイジャーの女の子や、男性化粧品でフェイスケアをする男性の増加はその一端です。「おやじギャル」という言葉は、定番化しすぎて死語になりつつある程です。

また、職業においても本来気配り心配りの細やかさが必要とされ、女性の適職と思われがちだった保育士や看護師に男性の進出が目立つようになりました。逆に一昔前は男性が占めていたタクシードライバーやガードマン、整備士などの職種でも女性の活躍する姿が当たり前のように見受けられます。

このように、男らしさや女らしさのイメージは時代とともに変化していくものなのです。

## 男の子は男らしく、女の子は女らしく

↑「男の子はたくましく、女の子はおしとやかに！」と言われて育つと、いつのまにかそれが固定観念に

←今では女性がドライバーやガードマンの職につくのも当たり前

→男性化粧品も一般的になっている。「らしさ」のイメージは、変化しつつあるのだ

# 血液型占いによる性格判断のウソ・ホント

## 「自己成就予言」と「サブタイプ化」

雑誌やテレビなどでよく見かけ、人気のある血液型性格判断や相性診断。実際試してみて、当たっていると感じる人は多いでしょう。しかし、本当に性格や相性が血液型で決まったりわかったりするのでしょうか？

### ズバリ、血液型性格判断に科学的根拠ナシ

血液型と性格の関係については、心理学でも研究が行なわれ、その信憑性において論じられています。しかし、さまざまな研究結果を総合しても、血液型による性格判断には、科学的な根拠は何もありませんでした。

その一例を挙げれば、**矢田部ギルフォード性格検査**などの、性格心理学の理論に基づいて作成された性格テストの結果と、血液型性格判断との間には、一貫した相関性が認められませんでした。つまり、血液型性格判断と科学的に分析された性格テストの結果とは一致しなかったことになります。また、医学者や生理学者の間でも、A型やB型など血液型の成分の違いが人間の精神機能に影響を与えるとは、理論的には考えられないという見解が主流となっているようです。

**用語解説**

**矢田部ギルフォード性格検査**…ギルフォードが作成した人格目録に基づいて矢田部達郎らが作った性格検査方法。抑うつ症や回帰性傾向、劣等感、支配欲などの12尺度、120項目からなる。

## 血液型占いがもてはやされる理由

このように科学的根拠がないにもかかわらず、どうしてこれほどまでに血液型占いは人気が高いのでしょうか？　心理学の立場からその原因を探ってみましょう。

まず第一に、誰にでも当てはまりやすい傾向が特定されているためです。例えば、O型は頑固だと言われていますが、A型にもB型にも、もちろんAB型にも頑固な人はたくさんいます。つまり、O型に特別に多い性格的な傾向ではなく、一般的に多い性格特性であるために、当てはまる人が多くなるという仕組みです。また、自分はB型だから社交的で調子のよいタイプだと思い込んだ人は、その思い込みに従った行動をとるようになること

### 血液型による性格判断

**A型**
- 几帳面で神経質
- 責任感が強く、慎重に行動する
- 悲観的で理屈っぽい
- 感情に流されやすい
- 心配性で決断力に乏しい
- 細やかで情緒も豊か

**B型**
- 自由奔放で活動的
- 社交的でおしゃべり
- 気まぐれ
- 大雑把で慎重さに欠ける
- 執着心が薄く軽やか
- 調子がいい

**O型**
- 頑固で融通がきかない
- 自信家
- 他人の意見に左右されない
- 根気がある
- 精神力が強く迷いが少ない

**AB型**
- 裏表のある性格
- 合理的なものの考え方
- 外面がいい
- 争いを好まない平和主義
- 案外執念深い

もあります。そして今度はその行動を見た周りの人が「やっぱりあの人はB型ね」と解釈します。すると、そのB型の人はさらにその解釈に応じた行動をとるようになり、次第に一般的に言われるB型的な性格になっていく可能性も十分にあるのです。これを心理学では**「自己成就予言」**と言います。

さらに血液型性格判断はお手軽かつ身近にあることも人気の要因の1つと言えるのではないでしょうか。

例えば、誰かを紹介する時も「彼はA型です」と言っておけば、相手は一般的に知られているA型の性格からその人をイメージすることができ、また初対面でありながら話もはずんだりします。このような手軽さが、血液型占いが性格判断として広まった理由の1つと考えられます。

## 血液占いにおけるサブタイプ化

それではもし、左頁の図のような一般的に知られた特徴とはかけ離れた人がいた場合はどうでしょう。A型を例にとってみましょう。

血液型性格判断では、一般的にA型は神経質な性格とされていますが、そこにのんびり屋のA型が現れたとします。すると人は、「あの人だけが例外」として、切り離して考えるようになります。つまり自分の都合のいいように事実を置き換えてしまうのです。これを、**「サブタイプ化」**と言います。

結局、私たちは自分の性格を知るための正確なものさしを持っていないので、身近にあってわかりやすい血液型性格判断などを用いると言っていいのではないでしょうか。

## 血液型によって対処法が異なる？

中身がわからない宝箱を発見！　さてどうする？

こういうものはあくまでサブタイプ化されたものなので、科学的根拠は一切ない。
とりあえず開けてみよう！
ちょっと待って！
B型
思いたったら、即行動
A型
慎重に行動する
O型
自信満々に中身を予想
AB型
人にやらせて様子を見る
これは金貨が入っているに違いない
ならあなたが開けてみたら？

# 好き、嫌い、好き……恋愛感情の不思議

## ロミオとジュリエット効果、カタストロフィー理論の作用

### トキメキの正体

なぜ人は恋に落ちるのでしょうか？

もちろん、見た目のよさも大事な要因の1つでしょう。が、それなりにルックスの整った人はどこにでもいます。なのに、その中で特定の誰かを好きになるのは何故でしょう。

少し前になりますが、松田聖子が婚約会見の席で好きになった理由を問われ、「ビビビッときました」と答えて話題になりました。

誰しも一度は特定の異性にトキメキを感じたり、好きな人を前にして胸がドキドキした経験があると思います。実は、この胸のときめきは、我々がスポーツで興奮した時の胸の動悸と同じものだと考えられています。スポーツやスリルを味わった後のように、生理的に興奮しているときに異性に接した場合は、その相手に恋をするといった説もあります。

用語解説**ダットン**と**アロン**はカナダの2つの橋を使いこの現象を証明する実験を行ないました。

1つは深い峡谷にかかるグラグラ揺れる吊り橋で、もう1つは浅い小川にかけられた頑丈な石橋です。どちらの橋にも、女性の実験

**用語解説**

**ダットン／アロン**…ともにアメリカの社会心理学者。上記の吊り橋を使った共同研究で、生理的に興奮状態にあるときには、恋愛感情や性的な魅力が高まるとの結果を導き出し、生理的認知説を唱えた。

者が橋の中央にいて、橋を渡ってきた男性にインタビューする。いろいろな質問をした後で、女性は男性に電話番号が書かれたメモを渡します。後日、男性が女性に電話をかけるかどうかで、彼女に興味を持つ度合いを調べようというわけです。その結果、吊り橋を渡った男性の約半数が女性に電話をかけてきたのに対し、石橋を渡った男性が電話をかけてきた割合は、わずか12％でした。つまり、吊り橋を渡ったほうの男性は、恐怖を味わい、胸がドキドキした状態にありました。そのドキドキを女性に対するときめきと錯覚し、アプローチしてきたのです。

このように生理的な興奮によって生じた感情を恋愛感情と間違って解釈してしまう現象を情動の**「錯誤帰属」**と言い、また、これと似たもので、**「親和動機」**というものがあります。人は不安なことがあるとき、自分と同じ環境にある相手に対して魅力を感じたり、誰かと一緒にいたいと感じるのです。

もしもあなたが片思いの相手とデートするチャンスを得たのなら、ジェットコースターに乗ったり、おばけ屋敷に入ってみましょう。そうすれば、恋が叶うかもしれませんよ。

**錯誤帰属**

相手がステキに見えることがある

## ロミオとジュリエット効果

周囲から邪魔されるほど、恋はいっそう燃え上がる

## ロミオとジュリエット効果

『ロミオとジュリエット』は、御存じシェークスピアの三大悲劇の1つです。この作品の中で、両家の親、親族一同に恋愛を反対されたヒーローとヒロインの恋はさらに激しく燃え上がります。実際に**トリスコール**が調査したところによると、親が恋愛や結婚を反対しているカップルのほうが互いの恋愛感情が強いという相関関係が見られたそうです。つまり、共通の大きな「敵」や「壁」を持つことによって、そのカップルの結びつきはより強固なものとなるというわけです。

このように、邪魔されればされるほど恋が燃え上がる様を**「ロミオとジュリエット効果」**と呼ぶのです。

しかしこれもまた前項で挙げた「錯誤帰属」の1つで、反対されたことで起こる生理的興奮、ドキドキを相手に対する愛情のなせるものと勘違いしてしまっているというわけです。

## 単純接触の効果

人は他人と単純な接触を繰り返すだけで、その人に対して好意をよせるようになるという仮説があります。これが**「単純接触の効果」**、または**「熟知性の原則」**と呼ばれるものです。この原則を利用した代表的なものがテレビなどのCMです。何度も繰り返し見ているうちに、そのCMの商品が好きになったり欲しくなっていた、ということがあるでしょう。また、芸能人にしても露出度が高いほど好感度調査でランキング上位に入りやすいという傾向があります。これは、恋愛に対しても同じことで、よく顔を合わせている異性には次第に好感を抱くようになり、やがて恋へと発展していくのも自然な流れと言えるでしょう。

ただしこの効果が現れるには、初対面の印象が悪くないことが前提となります。

## 似た者同士が惹かれあう?

ちょっと道ゆくカップルをウォッチングしてみてください。こういっては何ですが、不思議とみんな釣り合いがとれていると思いませんか?　世に言う「美女と野獣」なるカップルはめったにお目にかかりません。これは**マッチング・セオリー**と言って、人は無意識に自分に合った相手を選んでいるのです。結婚相談所のサンプリングからも同様の結果が得られたとの報告もあります。つまり人は、自分と同じ態度や雰囲気を持った人間に好感を持ちやすいというわけです。これを**「類似性の要因」**と呼びます。

しかし、似たもの同士のほうが恋や結婚生活がうまくいくかというと、一概にはそうとも言えません。**ウィンチ**の調査によると、「支配と服従」の欲求と「養育と受容」の欲求については、違いが見られるカップルのほうが関係が長続きするというのです。このように違う者同士が惹かれあい、互いに無いものを補い合ってうまくいくことを**「相補性」**と言います。

## かわいさあまって憎さ百倍

愛していたパートナーに裏切られ、相手を傷つけたり殺害してしまうような事件が連日ワイドショーを賑わせています。こうした事態は、なぜ起こってしまうのでしょうか？

フロイトは、人が抱くさまざまな感情の中で、愛と憎しみはもっとも強い感情であり、コインの裏表のように常に同時に存在をしていると考えました。そのため、愛情が強ければ強いほど、裏切られた時の憎しみもまたひと一倍強くなるというのです。まさに「かわいさあまって憎さ百倍」というわけです。

そしてこの「愛が憎しみに変わる瞬間」は突然やってきます。普段は愛と理性によって抑制されていた気持ち（憎しみ）が、浮気などの裏切りによって一気に爆発し、ほとばしるこの現象を**「カタストロフィー理論」**と言います。

アメリカの哲学者、**ショーペンハウアー**《用語解説》

**用語解説**

**ショーペンハウアー**（1788～1860年）…哲学者。プラトンやカントの哲学にインド哲学や仏教などの東洋思想を取り入れ、悲観的な哲学思想を構築した。著書に『意志と表象としての世界』。

## ヤマアラシジレンマ（男女間のちょうどいい距離感とは）

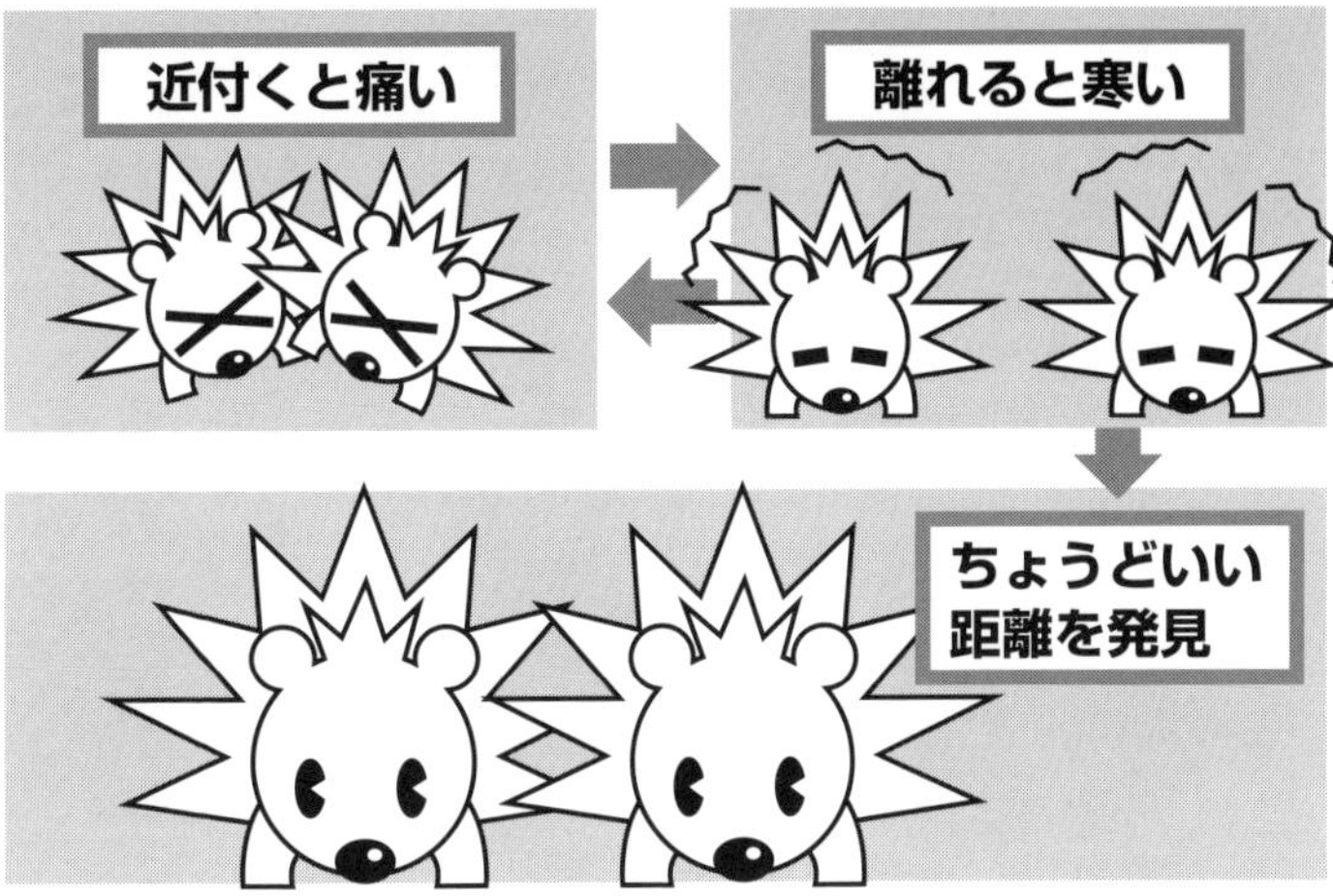
近付くと痛い
離れると寒い
ちょうどいい
距離を発見

の寓話に次のような話があります。

ある冬の夜、二匹のヤマアラシのカップルが寒さをしのぐために体を寄せ合おうとしました。ところが、接近しすぎて互いの刺で相手の体を傷つけてしまいます。慌てて離れますが、今度は離れすぎて凍えてしまう、というものです。精神科医の**ベラック**はこのアンビバレント（両面感情）による葛藤を**「ヤマアラシジレンマ」**と名付け、現代に置ける男女間の愛と憎しみの関係になぞらえました。

互いに傷つけあわず、それでいて温もりを感じられる距離を発見することが、しあわせな恋愛や夫婦関係を持続させる鍵なのです。

この項の最初に登場した件の女性歌手は数年の結婚生活の後、離婚してしまいました。残念ながらこのほどよい距離を見つけることができなかったのでしょう。

**用語解説**

**ベラック**…アメリカの精神分析医。1970年に著書『ヤマアラシのジレンマ』を発表。同書に、現代における人間関係の特徴を解説する「ヤマアラシ指数」という公式を考案し、話題となった。

# 怒りのメカニズムについて探ってみよう

## 怒りの心理とアドレナリンの分泌

　どんな温厚な人でも、怒りを覚えたことのない人はまずいないでしょう。残虐な事件や理不尽な社会に対する怒りから、家族や恋人とのケンカ、といった些細なものまで我々の身の回りには怒りの原因となる出来事が無数に存在しています。

　また、ラッシュ時の電車の中や混雑した銀行のキャッシュコーナーなどでイライラ感を覚えることはありませんか？　そんな車内や行内では、しばしば客同士がちょっとしたことで語気を荒らげ、口論やケンカをしている光景に出くわします。

　ではこの怒りという感情は、いったいどこからやってくるのでしょうか？

### 怒りはアドレナリンの分泌とともにやってくる!?

　生体学的には、怒りの感情はアドレナリンの分泌と関係していると言われています。アドレナリンは副腎髄質から分泌されるホルモンで、血圧や心拍数を上げたり、血糖値を高めるなどの働きをします。

　動物実験では、狭い檻に何匹も押し込めた過密状態の時に、このアドレナリンが異常に増えることが検証されています。その結果、過剰な行動反応を見せたり興奮状態に陥ったり、中には心臓発作やひどい胃潰瘍などで命を落とすケースもあったと報告されています。

実際に通勤電車の乗客を対象として、混雑が心身に与える影響を調べた研究もあります。これによると、終点に近い駅から混雑した電車に乗り込んだ乗客は、出発駅近くの空いた状態から乗った乗客より、採取した尿の中から高いレベルのアドレナリンが検出されました。つまり、人間もまた混雑した状態がアドレナリンの分泌を促し、人をイライラさせたり怒りっぽくさせるというわけです。

## 過密が男の怒りを呼ぶ?

心理学的には、こうした過密状態が怒りを招く現象を**「パーソナル・スペースの侵害」**によるものだと言うことができます。

パーソナル・スペースとは、人間が自分の体のまわりに持っている他人の侵入を拒む空間、いわばなわばりのようなもので、これが確保できないとストレスが生じ、アドレナリンが過剰に分泌され、ひいてはそれが怒りを呼ぶことになってしまうのです。

1996年、**池袋駅ホームで起こった大学生殴殺事件**（用語解説）を始めとする、駅ホームで多々発生する傷害事件は、このパーソナルスペースの侵害が関係していると考えられます。

また一般的にみて、女性に比べ男性のほうが空間が狭くなると攻撃的で怒りっぽくなるということがわかっています。逆に女性は狭い空間ではお互いに協調性を発揮しあい、友好的になるようです。これは女性よりも男性

**用語解説**
**池袋駅ホームで起こった大学生殴殺事件**…池袋駅での大学生と男の口論がトラブルに発展。被害者の学生はホームを引き回されたあげく、顔を殴られ、後頭部を強く打って収容先の病院で亡くなった。

のほうが活動性が高いために、より広いパーソナルスペースを必要とするからだと考えられます。

さらに、粗暴な性格の人間ほどこのパーソナルスペースが大きいということも、アメリカの精神科医**キンゼル**の実験で検証されています。

もし、男性相手に気まずい話や怒らせるような報告をしなければならない時は、できるだけ広いスペースの場所で、ある程度の距離を置いて話を切り出すと、相手の怒りを軽減させることができるかもしれませんね。

## 身近な人に対する怒りは寂しさの裏返し

心理学者の**アドラー**は、家族や恋人、友人など身近な人に対する怒りは、自分が正しいと思うことから派生する、と説いています。自分の主張こそが正しいのに、相手がわかってくれない、自分の期待や要望が通らない、そんな時に人は怒りを感じるというのです。

本来自分の気持ちをわかってもらえないというのは、人として寂しいことで、悲しみを覚えるところです。それなのに、なぜ怒るのか？ それは、わかって欲しい、助けて欲しい、愛して欲しいと望む気持ちを伝えても、受け入れられなかった時は自分がさらに傷ついてしまうので、怒りというフタで本当の感情を隠してしまうのだというのです。

つまりこの場合の怒りは、自己防衛の道具の1つなのです。ただし、これでは問題解決には至りません。本来の悲しさや寂しさを素直に伝えることが、怒りの解消及び問題解決につながるのですが……。

**用語解説**

**アドラー**（1870～1937年）…ウィーンの精神医学者。フロイトの影響を受け、研究の協力者でもあったが、後にユングとともに離反。個人心理学を樹立した。

## 怒りのメカニズム

**アドレナリン**
**副腎から分泌される**

→ 分泌量が多くなると、心拍数が上がったり、血圧が上がる

→ **怒りやすくなる**

**男性**

パーソナル・スペースを広くとるため、過密に弱く興奮しやすくなる

**過密に弱い**

**女性**

パーソナル・スペースが男性よりも小さいため、過密に強い

**過密に強い**

アドレナリン
アドレナリン
男性は空間が狭くなると、攻撃的で怒りっぽくなる傾向がある
逆に女性は、狭い空間だと協調性を発揮しあい、友好的になる

# 欲求の正体を探ってみよう

## マズローの欲求階層説

あなたは今の自分に満足していますか？と聞かれてきっぱり「YES」と答えられる人はどれぐらいいるでしょう。ほとんどの人が満足していないと答えるのではないでしょうか？「もっと広い家に住みたい」「もっときれいになりたい」「もっと金持ちだったら……」などの声が聞こえてきそうです。

しかし、これは悲観することでも、欲深と恥じることでもありません。なぜなら、この「欲求」こそが、今の自分のポジションよりさらに上を目指そうとする、前向きな気持ちの現れだと言えるからです。

## マズローの欲求階層説とは？

アメリカの心理学者**マズロー**は、**欲求の発達階層説**を提唱しました。彼によると人間には、生きていくために必要な4段階の基本的欲求とさらにその上の成長欲求が備わっているというのです。

まず基本的欲求として、食べたい、眠りたい、排泄したい、などの本能的な欲求、つまり**「生理的欲求」**が生まれます。これが満たされると今度は、身の安全や安定を求める

**用語解説**

**マズロー**（1908～1970年）…アメリカの心理学者。人間学的心理学を提唱。中でも、上記の人間の欲求が段階を踏んで成長していく様を示した「欲求段階説」で有名に。

## 子供の生理的欲求

人間には、生理的欲求、安全欲求、所属欲求、自尊欲求などのなど、4つの欲求がある。

食べたい、眠りたい、排泄したいというのは、人間が生まれながらに持っている本能的欲求だ

**「安全欲求」**を持ちます。これが確保されると、次は自分を受け入れてくれる仲間や集団を求める**「所属欲求」**と**「愛情欲求」**が生じます。そして他人から認められたり、尊敬されたいと願う**「承認欲求」**や**「自尊の欲求」**へと続きます。

ここからさらに精神的に一歩進んだ段階として、自らの才能や能力を高めたい、可能性を開発したい、という**「自己現実欲求」**が生まれてくるわけです。これは前述の4段階の**「基本的欲求」**に対して**「成長欲求」**と呼ばれるもので、人間らしく豊かに成長しようとする欲求です。

このようにマズローは、人間は常に欲求を生み、それに向かって成長していく生き物だと説いたわけです。

まさに「衣食足りて礼節を知る」とは、よ

く言ったものです。

これら欲求が満たされないと、人は「欲求不満」になるわけです。しかし、一見負としてとらえられがちなこの感情を持つことは、自己を成長しようとさせる健全な精神状態であると言えるでしょう。

## 欲求不満の例外

ただし、欲求不満にも例外があることを、オーストリアの精神医学者**フランクル**は、説いています。

彼は精神分析によってコンプレックスやトラウマ（心的外傷）に由来されているとされる精神的なトラブルの症例の中にも、実は生活や人生の意味を見出すことができないような欲求不満が原因であるものが多いと指摘しています。そしてこれを**「実在的欲求不満」**と名付けました。

実在的欲求不満状態に陥った人は「いま頑張ればやがてよくなる、夢が叶う」といった時間的展望をなくし、自由と責任からも逃れて、その場しのぎに日々を送り、集団の中に埋没してしまうというのです。

フランクルは人間にとって重要なのは、「自分の存在や人生がどれほど意味のあるものかと思えること」だと考え、そして人間は本質的にはその意味を見いだそうとする意志に支配されていると説いています。そして意志を喚起させる「実在分析精神療法」を提唱しました。

これは彼自身が第二次世界大戦中、アウシュビッツの強制収容所に入れられた際の体験が元となって生まれた理論だと言います。

**用語解説**

**フランクル**（1905～1997年）…オーストリアの精神医学者。第二次世界大戦中のアウシュヴィッツ収容所の体験から、独自の実在分析的精神療法などを提唱。著書に『夜と霧』『死と愛』などがある。

## マズローの欲求の発達階層説

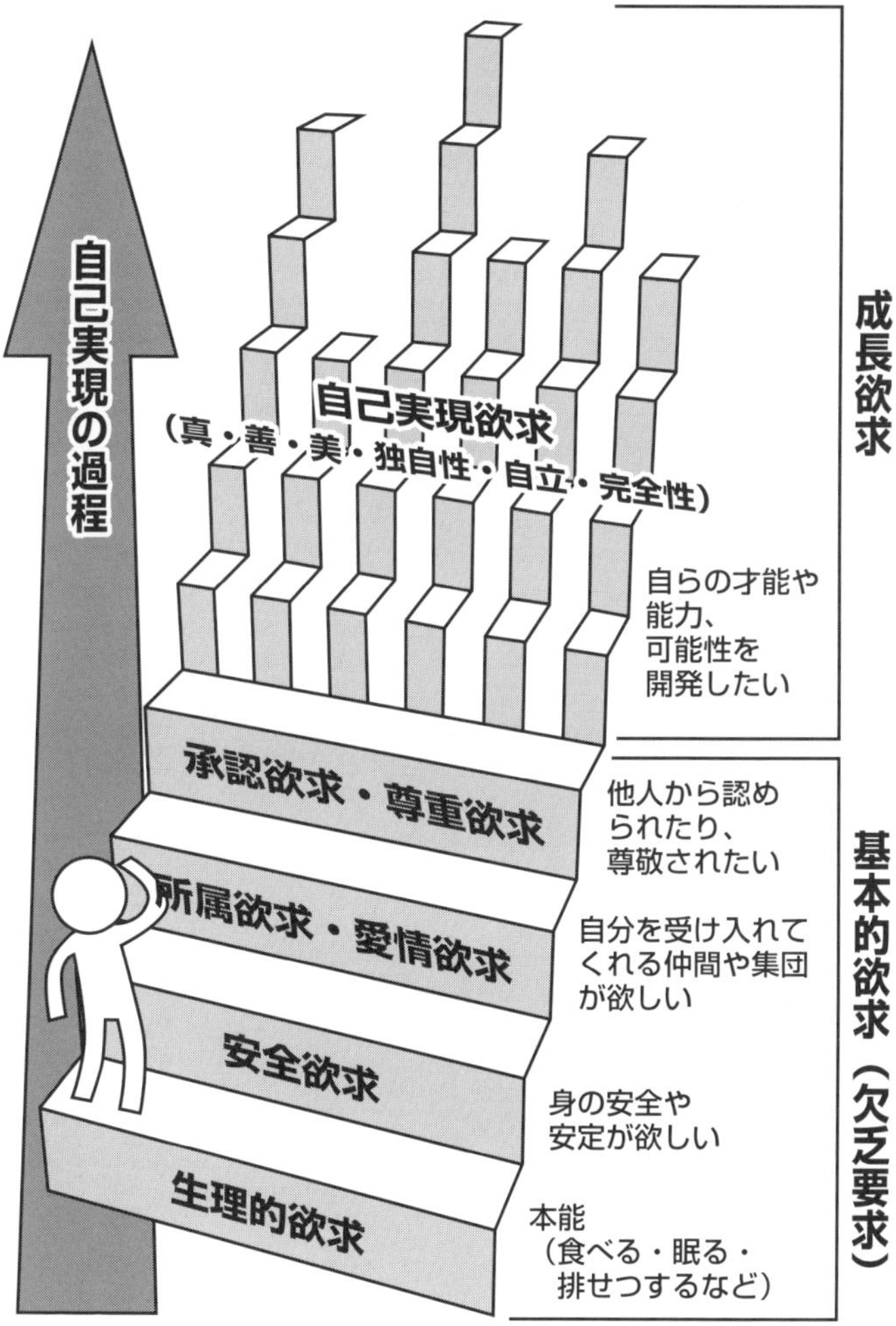
自己実現の過程
自己実現欲求
(真・善・美・独自性・自立・完全性)
自らの才能や能力、可能性を開発したい
承認欲求・尊重欲求
他人から認められたり、尊敬されたい
所属欲求・愛情欲求
自分を受け入れてくれる仲間や集団が欲しい
安全欲求
身の安全や安定が欲しい
生理的欲求
本能（食べる・眠る・排せつするなど）
成長欲求
基本的欲求（欠乏要求）

# 嘘をつく心理

## 嘘の類型と嘘を見抜くシグナル

恋人同士がつくかわいい嘘から、最近新聞を賑わせている「オレオレ詐欺」のような犯罪に使われる嘘まで、我々は多種多様な嘘の中で生きています。それではこの「嘘」とはいったいどんな心理から生み出されるのでしょうか?

### 嘘をついたことのない人はいない?

幼い頃から私たちは「嘘つきは泥棒のはじまり」だとか「嘘をついてはいけません」と教育され育ちます。イソップ童話の『オオカミ少年』の話を耳にタコができるほど聞かされた人も多いはずです。にもかかわらず、嘘をついたことのない人はまずいないと言っていいでしょう。「私は一度も嘘をついたことはない!」と主張する人は、それこそ大嘘つきかもしれません。

ドイツの心理学者**シュテルン**は「嘘とは、だますことによって、ある目的を達成しようとする意識的な虚偽の発言である」と定義しています。

そして嘘をつく人の特徴として――

**①虚偽の意識がある**

**用語解説** **シュテルン**（1871～1938年）…ドイツの心理学者。それまでの心理学が誰にでも通じる法則を求めようとしていたのに対し『個体的差異の心理学』を出版、個人の差異を研究する必要性を説いた。

## オオカミ少年

少年は自分の嘘を信じてあわてる村人の様子を、おもしろがって見ていた

②だます意図がある
③だます目的がはっきりしている
④罪や罰から逃れたり、自己防衛をしようとする目的がある

―などを挙げています。

（記憶違いや思い違い、勘違いや言い間違い、病気による「作話」などは嘘をつこうとしていたわけではないので、嘘の定義には当てはまりません）

### 嘘つきは自立の始まり？

また嘘は、子供がアイデンティティを確立するプロセスの中で、大きな役割を果たすものだとも考えられています。それは親に対して嘘という秘密を持つことで、親との間に心理的な距離を作り、親とは違う一人の独立し

た人間として自分の存在を把握していくのです。逆に厳しすぎる親に「嘘はダメ」と必要以上に強く教えられ、それを守って育った子供は自我の成長を歪めてしまうという報告もあります。

心理学者の**マイケル・ホイト**は「子供がはじめて親に嘘をついた時、子供は絶対だった親の束縛から自由になれる」と述べています。つまり嘘は子供の自立の最初の一歩といったところでしょうか。

また、嘘は子供が自分の主張を通すための手段の1つでもあります。嘘のつき方や嘘に対する理解力も発達に応じて社会的に適応した形へと変化していきます。

子供の嘘に対してはただ叱るのではなく、ときには大人が嘘と知りつつ、子供の話に上手に付き合ってあげることも大事です。

こうして嘘を学びながら私たちは成長し、やがて嘘も時と場合に応じて使い分けられるようになります。加えて人間関係を円滑にするための嘘などもつけるようになります。お世辞や愛想笑いなども、この罪のない嘘の1つと言えるでしょう。

詐欺や偽証といった明らかに人に不利益を与えるための嘘はもちろん罪ですが、「嘘も方便」ということわざがあるように、その場を収めるためや人を傷つけないための嘘は、健全な人格に欠かせない1つの要素なのです。

## 嘘の類型化

では、人はどんな時にどんな目的で嘘をつくのでしょうか？　私（監修者）が分析した結果では、次の12タイプに分類ができました。

## 人はどんなときに嘘をつくか？

| |
|---|
| **❶ 予防線** |
| 人との約束を破る際の理由付けとして。予測されるトラブルを予め避けようとするためにつく嘘。 |
| **❷ 合理化** |
| 済んだことを責められた時に持ち出す言い訳や口実。 |
| **❸ その場逃れ** |
| してもいないのにその場を逃れたいがためにとっさに「した」と答えてしまうような、一時しのぎの嘘。 |
| **❹ 利害** |
| 相手との関係で、自分が得をしたり有利になる形勢に持ち込もうとするための嘘。(金銭がらみなどの場合に多々見られます) |
| **❺ 甘え** |
| 自分を感情的に理解して欲しい、擁護して欲しいとの意図を含んだ嘘。 |
| **❻ 罪隠し** |
| 自分のした悪いことを隠そうとする嘘。 |
| **❼ 自分の能力や経歴を高く言うことで、自分を優位に経たせようとする嘘** |
| 政治家の経歴詐称など、しばしば新聞を賑わせているのもこれに当たります。逆にわざと能力を低く言うことでライバルなどを油断させるためにつく場合もあります。いわゆる三味線引きというやつですね。 |
| **❽ 見栄** |
| ウェストが70cmなのに58cmだと言ってしまったり、恋人がいないのに「いる」と言ってしまうような、自分を良く見せたり目立たせるためにつく嘘。 |
| **❾ 思いやり** |
| 相手が傷つかないようにつく嘘。 |
| **❿ 引っかけ** |
| からかいや冗談の類の嘘。 |
| **⓫ 勘違い** |
| 嘘というよりも自分の知識の不足や勘違いから結果として嘘になってしまう嘘。 |
| **⓬ 約束破り** |
| いったん交わした約束が、なんらかの理由で守られなかったときに生じるもので、必ずしも意図的とは限らない嘘。 |

●渋谷昌三；1993.

## 嘘のシグナルは身体に現れるってホント?

嘘はよく、顔や言葉に現れると考えられがちですが、実は身体にこそ現れやすいものです。何故ならば、嘘をつく人は相手にバレまいとして言葉と顔には細心の注意を払い、動作にまでは気を配らないからです。

それではここで、嘘を見抜く6つのシグナルをお教えしましょう。

①嘘をついている時は、手の動きをとおして動揺が伝わらないように、腕を組んだりポケットに手を突っ込むなど、手の動きを制御しようとします。

②鼻や口など顔のあちこちや髪をふれる動作が不自然に増えます。これは、嘘をつく口を隠すためのカモフラージュです。

③もじもじしたり、やたらと姿勢が変わったり、足を何度も組み換えたりする。これも早く解放されたいとの気持ちの現れです。

④嘘がバレる前に早く話を終わらせようと、矢つぎ早に話をしたり、返答が短くなります。

⑤表情が乏しくなり、言葉からボロが出ないように口数が減ります。逆に饒舌になる人もいますが、よく聞いているといずれの場合も話や言葉、相槌などのバリエーションが乏しくなっているのがわかります。

⑥恋人同士や夫婦など異性間で嘘をつく時には、相手を凝視する傾向になります。

これは嘘は目に現れる、嘘をつくと目が泳ぐといった説を逆手にとろうとする心理が働くためです。ですから恋人が「浮気をしているかどうか、目を見てごらん」なんて口にしたら、それこそ浮気をしている可能性大です。

## ついつい態度に出てしまう・嘘のシグナル

行動から心理を分析！　何かいつもと違うな……と思ったら、相手が下記の動作をしていないかチェックしてみよう

| | |
|---|---|
| ①腕を組んでいる | ④返答が短い |
| ②不自然に髪にさわる | ⑤表情が乏しい |
| ③もじもじしている | ⑥じっと目を見て話す |

# コンプレックスとは何か？

## コンプレックスの作用とその種類

### ユングとコンプレックス

コンプレックスは、スイスの精神科医学者**ブロイラー**(用語解説)によって提起され、その後フロイトやユングによって大成した概念です。この**「コンプレックス」**という言葉自体**ユング**によって命名されたものです。彼は、コンプレックスとは何らかの感情と結びついている無意識の中の心的内容の集まり＝「観念複合体」で、人間の態度や行動、感情などに強い影響力を持つと説きました。

また、コンプレックスはその中核にトラウマ（心的外傷）を負っている場合に多く見られ、憎悪や嫉妬、嫌悪、恐怖、劣等感、そして罪悪感という感情を伴います。

人間は誰しもコンプレックスを持っています。例えば、スタイルがよくなりたい、金持ちになりたい、出世したいという欲求は、何らかのコンプレックスによって生じていると考えられます。そして本人が押しつぶされない程度のコンプレックスは、何かをなし遂げるバネとなります。

アメリカの永遠のアイドル、マリリン・モ

**解説用語**

**ブロイラー**（1857～1939年）…スイスの精神医学者。今日の精神分裂病概念の提唱者。他にも深層心理学、情緒心理学に功績。フロイトの精神分析にも関心を持っていた。ユングは彼の弟子である。

ンローは、見た目の美しさだけで勝負したセクシーアイドルのように誤解されがちですが、実は不幸な生い立ちや無学歴など強いコンプレックスをバネに、スクリーンの影ではレッスンにレッスンを重ね、成功をつかみとったと言われています。

しかし、過剰なコンプレックスは、自我を圧迫したり、その成長の妨げとなり、場合によっては神経症の原因になってしまうこともあります。そこまできてしまったら、心理療法によってその元となっているコンプレックスを見つけ出し、本人がそれを受け止めて乗り越えていくことが必要になります。ところが、不幸にも適切な療法を受けられなかったり、身近な人に相談にのってもらえなかったがために、犯罪に至ってしまうケースも少なくありません。

数年前、文京区の**有名幼稚園で起こった園児殺害事件**（用語解説）でも、加害者の主婦のコンプレックスをはじめとする複雑な思いを夫が理解さえしていれば、あの悲惨な事件は起こらなかったかもしれないと言われています。

## コンプレックスを感じた時の行動

コンプレックスを刺激された場合、人はどんな行動に出るのでしょうか？

以下の4パターンは、コンプレックスに対する人間の一般的な反応です。

**①会話の最中に出てきた、ある特定のキーワードに対する反応時間が長くなる**

**②相手の言葉をオウム返しにしたり、見当違いの返事をする**

**③話を茶化したり、苦笑したり、話題を変**

**解説用語** **有名幼稚園で起こった園児殺害事件**…1999年11月22日、文京区の有名私立幼稚園「音羽幼稚園」で、若山春菜ちゃん（当時2歳）が兄の同級生の母である山田みつ子容疑者（当時35歳）に誘拐殺害された。

## コンプレックスを感じた時のサイン

相手にコンプレックスを感じているサインが見られたら、話題を変えるなどの思いやりを

えようとする

**④気づかないふりやソワソワと身体を動かしたりする**

もしあなたの話相手がこのような態度を見せたとしたら、それはコンプレックスを感じているというサインです。相手との関係性を壊さないためには素早く話題を変えることが懸命です。

## さまざまなコンプレックス

**●エディプス・コンプレックス**

フロイトが提唱した、人間の無意識の中に存在しているとされる同性の親に対するコンプレックスです。男の子が母親の愛情を独占したいと願い、さらには父親にいなくなって欲しい、死んで欲しいという抑圧された願望

**解説用語**

**エディプス王**…ギリシャ伝説の登場人物。デーベの王レイアスと女王ジョカスタとの間に生まれ、すぐに捨てられる。レイアスを父と知らず殺害し、母と結婚。スフィンクスの謎を解いた話でも有名。

## エディプス・コンプレックス

異性の親に愛着を持ち、無意識に同性の親を排除したいという抑圧された願望（男児に限られたものではない）

を指します。これはギリシャ伝説の1つで、父親を殺して母親と結婚した**エディプス王**にちなんで命名されました。このコンプレックスは、成長とともに本来の異性愛に目覚め、社会的な儀礼や考え方を身に付けていくことによって解消されます。しかし、うまく解消できなかった子供の中には、成長してから家庭内暴力や登校拒否を起こすなど問題行動に結びつくケースがあります。

またこの**エディプス期**に固着した人は、男性は母親に似た人を、女性は父親に似た人を、恋愛の対象として求めるようになります。

### ●マザー・コンプレックス

成人した男性が、母親との間に年齢にそぐわない依存関係を持ち続け、そのことに疑問や葛藤を感じていない状態を指します。例えば、自分の進学や就職など、本来自分で解決

**解説用語**

**エディプス期**…4、5歳の子供が親との間に模擬的な恋人関係を結び、愛情関係の基礎を築くというフロイトの説。この時期に固着が生じると、後の人間関係を損ない神経症などの原因にもなる。

## マザー・コンプレックス

ねえママー
ママー
どっちがいい？
母親に対する依存心が強く、一人では物事を決められない傾向がある

するべき問題をすべて母親の言いなりのままに決定したりします。中には結婚相手すら母親の気に入った人を……と言う人までいます。

一般にマザコンと呼ばれ、世の女性曰く「もっとも結婚したくないタイプ」の筆頭に挙げられてしまうコンプレックスです。

このような男性は、幼児期から母親の過剰な愛を受けたり、細かすぎる干渉を受けて育ったため、青年期に達成されるべきアイデンティティの形成が十分になされず、大人になってしまったものと考えられます。大なり小なり男はみなマザコンであるとの説もありますが……。

### ●シンデレラ・コンプレックス

これは青年期の女性が、シンデレラ物語のヒロインのように、いつかは自分にも素敵な王子様が迎えにきてくれる、このつらい境遇

## シンデレラ・コンプレックス

「いつか素敵な王子様が迎えにきてくれる」とひたすら待ち望む依存欲求

から救い出してくれる、とひたすら待ち望む無意識の依存欲求を指します。特に高学歴の女性に多く見られ、このコンプレックスに囚われた女性は、男性に依存したいという気持ちと、さまざまなしがらみから自由になって自立したいという、矛盾する欲求の板挟みに苦しみます。

こうした状況に陥る原因は、夫婦関係に不満を持ちつつ、娘を理想的な女性に育てようとする父との関係に端を発していると言われています。

### ●ロリータ・コンプレックス

男性が、自分よりもはるかに年下の女性に抱く抑圧された性愛を指します。ロシア人作家、**ウラジミール・ナボコフ**《用語解説》の小説『**ロリータ**』にちなんで名付けられ、一般にロリコンと呼ばれています。

**解説用語**
ウラジミール・ナボコフ（1899〜1977年）…作家。ロシア革命で西欧に亡命し、ケンブリッジ大学を卒業。大学で文学を講ずるかたわら、小説、詩、戯曲、翻訳、自伝、評伝など多方面で活躍した。

## ロリータ・コンプレックス

ロリコンは性的対象として、自分より
はるかに年下の少女や、幼女を愛する

若者のロリコンは自分が大人になることを拒否したり成人女性に対する気後れや恐れが原因です。

中高年の場合は、自分が失っていく若さを、性的対象である幼い少女たちから分けてもらいたいという無意識の願望に根ざしていると考えられています。

近年横行している中年男性による女子中高生との「援助交際」などの社会現象もこのコンプレックスと無関係とは言えないでしょう。

### ●カイン・コンプレックス

きょうだい間に生まれる強い葛藤や相克関係をこう呼びます。これは幼い頃に親の愛情や関心が他のきょうだいに奪われるかもしれないという不安を抱き、嫉妬心や敵意を抱いたり、競争心を燃やしたりすることがこのコンプレックスの原因とされています。一時期

## カイン・コンプレックス

他のきょうだいに親の愛情を奪われるかもしれないという不安が、互いに嫉妬心や競争心を生む

は親などによって、その感情はおしこめられますが、成人してから再び頭をもたげてくることが多々あります。これがよい方向に作用すれば、兄弟でも好敵手として高め合うことができます。しかし、そうでなければ、強い心の凝りとなり兄弟間に歪んだ関係をもたらします。このコンプレックスの名前の所以となった『旧約聖書』に出てくるカインとアベルの兄弟は、神に気に入られた弟のアベルを嫉妬したカインがその手にかけ、エデンの東に追放されてしまいました。

大相撲の若貴兄弟や柔道の中村三兄弟など、同じ世界でトップを目指す兄弟たちの間には、少なからずこのコンプレックスがバネとなっているのではないかと言われています。

### ●白雪姫・コンプレックス

母親が育児のストレスなどから、悪いこと

## 白雪姫・コンプレックス

親に愛されずに育った白雪姫は、自分の子供を愛せない傾向がある

と知りながら、子供に手をあげるなどの幼児虐待に走ってしまい、その後深く後悔する、後悔しつつもまた同じことを繰り返す……この抑えきれない矛盾した感情を、白雪姫と継母の関係になぞらえてこう呼びます。

体罰を肯定する人の中には、自分自身もまた体罰を受けて育った経歴の人が多く、精神分析者の佐藤紀子氏によれば「実父からさえも保護されずに育った白雪姫は、やがて母となった時に、本人が望まなかったとしても子供を虐待する母になる可能性が強い」と述べています。

最近児童虐待がテレビのニュースで取り上げられない日はないといってはいい程、社会問題化しています。加害者であるの母親の心の闇をひもとく鍵が、ここにあるのではないでしょうか。

# 第3章

# 心からのSOSが聞こえますか？

【心の病】

## 世はまさに癒されたい症候群？

### 「精神的な健康」の維持に悩む現代人

世はまさに空前のペットブーム。テレビでは「癒し系」なるタレントが人気を呼び、アロマテラピーやリフレクソロジーなどの癒し空間には予約の電話でいっぱいになるほどです。これはみな、現代人が心身ともに疲れきっており、そして何かに癒されたいと願っているからに他なりません。

ＷＨＯ（世界保健機構）によると「健康とは単に病気がないというだけでなく、肉体的にも精神的にも社会的にも快適な状態で意欲を持って生きること」と、定義されています。

たしかに現代は科学技術等の発展によって生活も便利になり、医学の発展で数々の難病も克服されるようになりました。しかしその反面、地球環境の悪化や緊迫する社会情勢、複雑化する対人関係などさまざまな問題が生じ、人の心に不安な影を落としています。そしてそんな社会や身の回りの状況に適応できないと、それがストレスとなり、不眠や食欲不振、イライラ、無気力など心の不調和を引き起こしてしまいます。つまり、「心が病む」状態になってしまうというわけです。実際に神経症に悩む人の数は増え、現代は「精神的な健康」を維持するには難しい時代になって

## ペットは大切な家族――アニマルセラピー

不安やイライラなどの精神的ストレスの解消に、癒しを求める現代人

しまっています。この事実が、どこか歪《いびつ》な癒しブームを呼んでいると言えるのではないでしょうか。

## 現代人を悩ませる神経症

神経症（ノイローゼ）とは、不安や過労、潜在的なトラウマやストレス、環境の変化など主に心理的な原因によって、一時的に精神が病んでいる状態を言います。また多くの場合、頭痛やめまい、不眠、下痢、食欲不振など身体的症状をも伴い、通常の生活を送れないほどの障害を訴える人もいます。精神病との違いは、妄想がないことに加え、患者自身が自分の心身の異常を知っていることが挙げられます。

神経症はその症状により、以下の6つに分

類されます。

●不安神経症

漠然とした予期不安を伴い、その対象を変えながら慢性的に不安を感じる場合と、急性の発作を伴う。いても立ってもいられないほどの不安発作があります。

●心気症

検査しても異常が認められないのに、さまざまな身体的変調や症状を訴える。自分の心身の些細な変調にこだわり、ガンなどの重大な病気の兆候ではないかとの誤った解釈に固執する。

●強迫神経症

普通の人には何でもないことに恐怖や不安を感じる。ガスの元栓の確認や家の鍵のチェックなど、強迫的に繰り返してしまう。縁起担ぎに固執し過ぎるのもこの症例の1つです。

●恐怖症

閉所恐怖症や高所恐怖症、先端恐怖症に対人恐怖症など、一定の現象や状況に異常に強い恐怖を示す。

●ヒステリー

些細なことで病的に興奮し騒ぎ立てる。全身けいれん発作や失声など、さまざまな身体症状を引き起こすこともある。抑うつ神経症心因性うつ病とも呼ばれ、軽いうつ状態になる。恋人や肉親などとの別れ、転職や配置転換などによって、愛着のあった環境が変化してしまうことにより引き起こされることが多い。また、時代の移り変わりによって神経症の中にも燃え尽き症候群、荷卸し症候群、スチューデント・アパシーやピーターパン・シンドロームといったさまざまな症候群が出現してきています。（詳しい説明はP226参照）

## 増加するさまざまな神経症

現代人の生活は、日々不安との戦い。多くの人が神経症に悩んでいる

# 心や体の大敵？　ストレスの正体を探ってみよう

## ストレッサーによる心と体の歪み

### ストレスとは何か？

　ストレスとは、もともと「圧力」を意味する工学用語です。これを初めて心理学用語として用いたのは、カナダの生理学者**セリエ**（用語解説）でした。彼は、環境の変化やケガなど、外側から作用し人間に影響を与える刺激（ストレッサー）によって、引き起こされた心や体の歪《ゆが》んだ状態をストレス反応と命名したのです。

　ストレスの原因にはさまざまなものがありますが、大きく3つに分類できます。

**①物理的ストレス**…暑さや寒さ、騒音や悪臭、排気ガスなど。
**②生理的ストレス**…飢えや過労、病気やケガ、睡眠不足など。
**③心理的・社会的ストレス**…職場や家庭などの人間関係から生じる葛藤や不安、緊張、恐れ、不満、怒りなど。

　このようなストレスが人間の体に生じると、それを解消しようとして防御反応が働き、脳下垂体、副腎皮質系を介してホルモン分泌に異常を起こします。ストレスを原因とした「疲れやすく疲労がとれにくい」、「腹痛、下痢、

**用語解説**
**セリエ**（1907〜1982年）…カナダの生理学者。「ストレスに対し人の身体は生理的資源を動員してそれに対応しようとするが、長引くと心身症に陥ることがある」などのストレス理論を提唱。

便秘」そして「不眠」や「イライラ感」といった不快な症状は、この防御反応の現れなのです。

## 生きるために必要なストレス

しかし、もしまったくストレスがなかったとしたら人はどうなるのでしょう？　寒さや飢えに対してストレスを感じなければ、恐らく凍死や餓死をしてしまうでしょう。このように危機や困難を教えてくれるストレスは、生きていくうえで不可欠なものと言えます。

また、勉強や仕事などでストレスを感じた場合は、成績を上げて解決しようと努力をしたり、また同僚や上司との人間関係によるストレスを解消しようと、カラオケに行くなどするはずです。つまり、ストレスを解消しようとする反応が起こります。その反応が、やる気や次のアクションを引き起こす原動力になることもあるわけです。

よって、ストレスは時には行動のエネルギー源になることもあるのです。ただし、ストレスを解消しようとして頑張り過ぎるのは逆効果。体の負担や喫煙量が増えるなど、二次的なストレスを生みかねません。

## ストレスと性格の関係

それでは、どんな人がストレスを受けやすいのでしょうか？　胃潰瘍や十二指腸潰瘍で入院している患者の性格を研究した医師によると、「誠実で真面目、融通がきかず、神経質な人」ほどストレスを受けやすいとの結果が出たそうです。また、ストレスはガンの発生にも無関係ではないとの報告例もあります。
中でも、
①ストレスを回避する能力に欠ける
②感情を抑えてストレスをため込みやすい
③依存心が強い
④絶望感や虚無感を持ちやすい
――といった性格の人ほどガンにかかりやすく、これはストレスを受けやすい人の特徴でもあると言えるのです。

だからといって精力的で競争心が強く、攻撃的な人がストレスを受けないかというと、そうではありません。管理職などに多いこのタイプの人は、持続的にさらされているストレスが原因となり、虚血性心疾患にかかりやすいという臨床統計結果も出ています。性別では、一般に男性より柔軟性に富んだ女性のほうが、ストレスに強いと言われています。

## ストレスサインを見逃すな

人はさまざまなストレスにさらされながら生きています。しかし、自覚する程度は人それぞれです。そこで、左の頁にストレスによって引き起こされる「ストレス・サイン」のチェックリスト12項目を載せました。このうち5項目以上にチェックが入った人は要注意。日々の生活を考え直す必要があります。

いずれにせよ、ストレスを感じたら、できるだけ早く適切な防御策をとることが大切です。睡眠を十分とって心身を休め、食事や排泄など生活のリズムを整えたり、趣味やスポーツなどで発散させるのもよいでしょう。なお、酒でのストレス解消は、アルコール依存症に陥る危険があり、得策とは言えません。

## 「ストレスサイン」チェックリスト

下の表を読んで当てはまる項目をチェックしよう！

### ストレスサイン

- □ 1. 何事に対しても我慢がきかない
- □ 2. やたらと時計が気になる
- □ 3. 以前に比べ融通性がなくなったと感じる
- □ 4. 理屈の通らない要求をしてしまうことがある
- □ 5. かんしゃくを起こしやすい
- □ 6. 頭痛や腹痛、便秘、風邪などにかかりやすい気がする
- □ 7. 暴飲暴食をしてしまう。
- □ 8. 時間があるなしに係わらずのんびりできない
- □ 9. 人との会話が減ってきた
- □ 10. きまじめ過ぎると自分でも思う
- □ 11. 物思いにふけることが多い
- □ 12. 人と口論になりやすい

# 「うつ」という心理障害について

## 増加する気分障害「うつ」

### うつの症状

人はみな生きていれば、楽しいことも落ち込むこともあります。それらはごく健全な感情の一部であると言えるでしょう。では、その健全な感情の範疇を超えてしまう「うつ」とはいったいどんな状態をいうのでしょう?

主な症状としては、病的な悲哀感にとらわれた憂うつな気分/食欲や性欲の減退/決断力、集中力の低下/興味や喜びが薄れる/何をするにもおっくうになる/自信喪失、などが挙げられる他、疲れやすくなったり喉が乾く、胸が圧迫されるといった身体症状も現れてきます。また、朝は気分が悪く午後になるとやや回復するが、夜になっても眠れないといった日内変動という生活リズムの変化も見られます。そして症状が進行すると、自分が罪深い人間だと感じる**「罪責観念」**や、非常に貧しいと思い込む**「貧困観念」**、不治の病に侵されたと信じ込む**「心気観念」**など妄想化を伴う大うつ病になり、中には自殺をしてしまうケースもあります。

治療法は薬物療法が中心となります。感情

## 「うつ」になりやすい人ってどんな人？

**なりやすい人**

- 仕事熱心
- 責任感がある
- 徹底的
- 几帳面

＝

**メランコリー親和性格**

**主な症状**

- 憂うつな気分、病的な非哀感にとらわれる
- 食欲や性欲の減退
- 決断力や集中力の低下
- 興味や喜びが薄れる
- 何をするにもおっくう
- 自信の喪失

障害が主な症状なので、その状態が治まれば、普通に戻ります。

### うつになりやすい性格

うつになりやすい性格としては、仕事熱心で責任感が強く、几帳面、何をするにも徹底的で融通がきかない、そんなタイプが挙げられます。

ドイツの精神科医**テレンバッハ**[用語解説]は、彼らに共通の特徴を**「メランコリー親和性」**と名付けました。WHO（世界保健機関）によると、近年うつ傾向がみられる患者は増加しており、現在では人口の約3～5%存在すると言われています。これは不安定な社会状況からくる、将来に対する漠然とした不安が大きな一因になっていると考えられています。

**用語解説**

**テレンバッハ**（1914～1994年）…哲学にも精通するドイツの医学博士。1960年にうつ病になりやすい性格の特徴を定義し、それを「メランコリー親和型」と命名した。著書に『メランコリー』。

# 心を脅かすトラウマとPTSDって？

## 心的外傷によるストレス障害

### トラウマとは何か？

通常の状況を超えた強いショックやストレスを受けたことにより、その経験が抑圧され、コンプレックスとなってその影響がいつまでも続くことがあります。これを精神分析用語で**「トラウマ」**（心的外傷）と言います。

トラウマを引き起こす事態としては、幼児期の性的な外傷体験や家族などの重要な依存対象の喪失、母親との不適切な関係によってもたらされる蓄積的外傷、戦争や災害などで受けた異常な体験などが挙げられます。

### PTSDとは何か？

**PTSD**とは「Post Trauma tic Stress Disorder」の頭文字をとったもので、（心的外傷後ストレス障害）と訳されます。これは、心的外傷（トラウマ）を負った人が、そのショッキングな過去をいつまでも引きずり、悩まされている状態を指すものです。現在のところこのPTSDには厳密な定義はありません。しかし、戦争や災害、レイプ、強盗、誘

## 不適切な親子関係が生み出す「アダルトチルドレン」

アルコール依存症の親に育てられた子供は、大人になると感性や行動に傷害をきたすアダルトチルドレンになる傾向がある

拐、恐喝、虐待やドメスティック・バイオレンス（DV）などによって引き起こされるようです。また、それらを直接体験した人だけでなく、目撃者の中にも、ショックからPTSDになる人がいると言われています。

PTSDが注目を集めるようになったのは、アメリカにおけるベトナム戦争の帰還兵の存在でした。彼らは悲惨な戦場の記憶に加え、アメリカに蔓延していた厭戦気分により、心を傷つけられ深刻なPTSDになり、それは社会現象として大きな波紋を呼びました。

日本では、95年に起きた阪神・淡路大震災の被災者たちや、オウム心理教による地下鉄サリン事件、96年の和歌山における毒入りカレー事件などの被害者やその家族たちの心のケアを巡り、急速に注目を集めるようになりました。

# ＰＴＳＤが引き起こす症状

**●急性ストレス障害**

心的外傷を受けた直後に引き起こされる心や身体の不調や恐怖症状などの障害です。

**●フラッシュバック**

ＰＴＳＤを引き起こした出来事のシーンや音、そして匂いなどが自分の意思とは関係なく、夢や白昼夢、錯覚や幻覚のような形で突如侵入的に、そして反復的に思い起こされる現象です。

トラウマの再現であるため、非常な精神的苦痛を伴います。

**●回避症状**

辛い体験（過去）から逃避するための反応で、すべての生活において無気力になります。

**●覚醒の持続亢進《こうしん》**

緊張が続き、不安や不眠に見舞われ、些細な音や匂いによって驚愕反応が引き起こされてしまいます。

症状の現れ方には個人差があり、心的外傷を受けた出来事の直後から悩まされる人もあれば、何年も後に突然症状が現れる場合もありますが、苦痛を伴うこれらの症状に悩み、アルコール依存症や自殺などの二次的な障害を引き起こしてしまう可能性が高くなります。

治療方法は、その定義同様これといったものは確立されていません。

しかし、薬物療法やカウンセリングといった療法では十分な効果は得られず、段階的に少しずつ心的外傷を克服するような**「行動療法」**などが回復の助けになったという例は報告されています。

## PTSDが原因で引き起こすさまざまな症状

傷害

誘拐

災害

心を大きく傷つけるようなショッキングな体験

↓

後にさまざまな苦痛をもたらす

フラッシュバック

↑夢、白昼夢、錯覚、幻覚などで出来事が再現される

回避症状

↑感情が麻痺したり、無気力になる

覚醒の持続亢進《こうしん》

↑緊張状態が続いて眠れない

# 心の病を解く鍵。心理療法って何だろう？

さまざまな心理療法とその特徴

## 心理療法とは

心の悩みや問題を抱えている人に対して、専門的な訓練を受けた臨床心理士やカウンセラーが、心の傷を癒すべく行なう心理的な治療やその手法を**「心理療法」**と呼びます。薬物療法は外科療法、物理療法、身体的療法といった医療的手段以外のものを指し、原則的には診断よりも療法＝治療に重点が置かれています。

心理療法は大きく分けて**「個人療法」**と**「集団療法」**の2パターンがあります。

「個人療法」は、治療者と患者が一対一で行なう療法で、精神分析療法や行動療法、**森田療法**（P134参照）などがその代表です。

一方の「集団療法」は、患者だけでなく、その家族や同じ悩みを持つ患者同士による集団組織の中で、互いに痛みを分かち合い、また共感しながら治療に取り組む方法です。アルコール依存症の患者と回復者による患者自助集団に代表される治療法です。

現在行なわれている心理療法の種類は100以上に及びます。本書では、その中の代表的な

## 精神分析療法の流れ

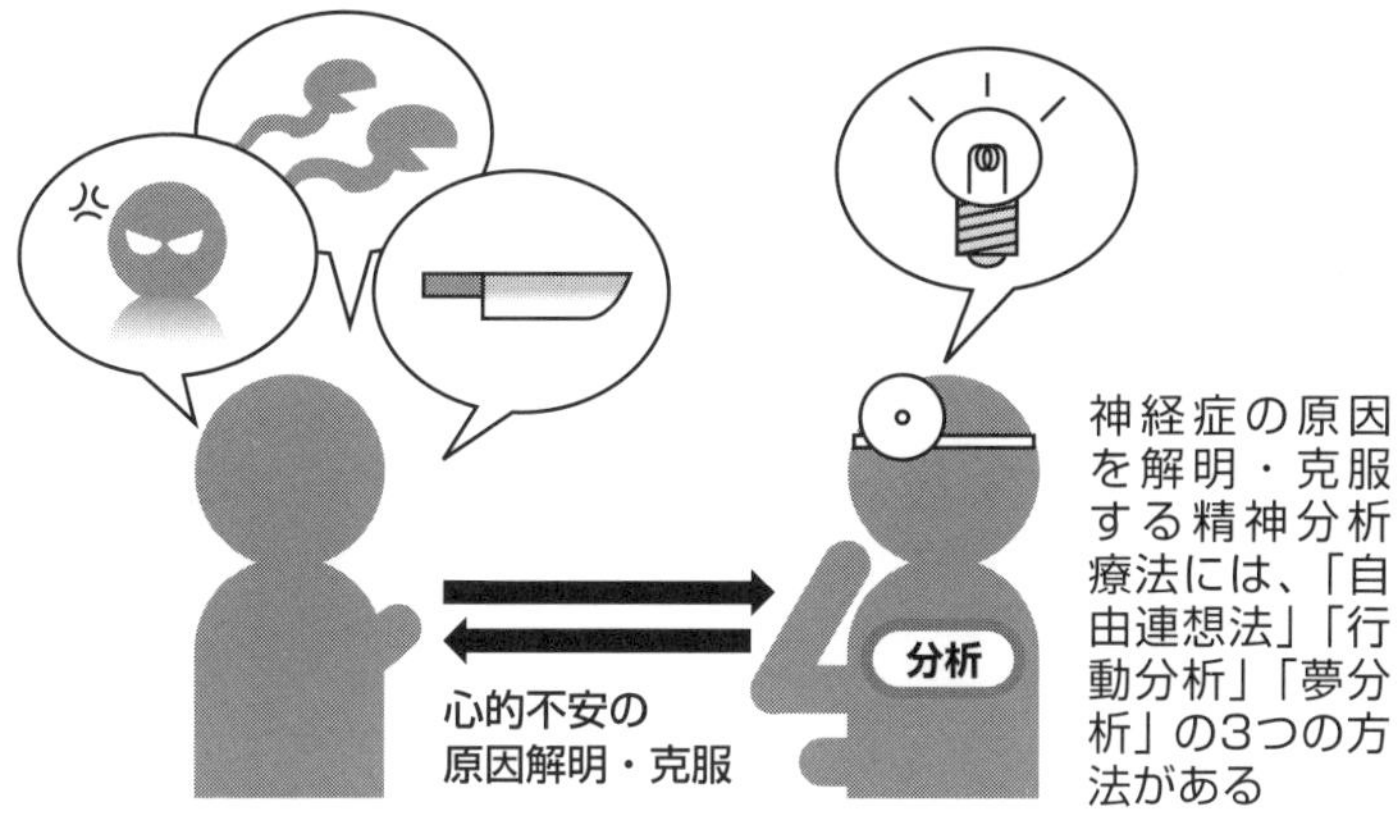




療法を紹介しましょう。

### 精神分析療法

1885年、神経症の治療方法として、**フロイト**が提唱した心理療法の1つです。治療方法としては、患者に頭に浮かんだことをすべて話してもらう**「自由連想法」**や、不自然な判断や行動を対象とした**「行動分析」**、患者が見た夢による**「夢分析」**などが挙げられます。治療者はこれらを分析し、患者の無意識に抑圧されている欲求や葛藤、不安要素といったものの正体を探り、意識化させ、神経症の原因を克服することを目的としています。

ただしこの療法は、膨大な時間を必要とし、治療者にも患者にも負担が大きいこと、そして理論が複雑でわかりにくいなどの問題点が指摘されています。が、後のさまざまな心理療法に影響を与えた療法です。

## カウンセリング（来談者中心療法）

1940年代、心理学者の**ロジャーズ**[用語解説]が提唱した療法です。カウンセラーは治療者ではなく相談者として、クライアント（患者ではなく来談者）の話をひたすら聞くだけにとどめて、決して解釈や指示を与えないという**「非指示的カウンセリング」**を行ないます。

また、この療法において効果的な治療を行なうために、カウンセラーのとるべき3つの態度として、第一にカウンセラーはクライアントをありのままに受け入れる**「自己一致」**の状態にあること。第二にカウンセラーはクライアントの考えを尊重して受け入れる**「無条件の肯定的配慮」**、第三にカウンセラーはクライアントの感情を自分のことのように感じ取る**「共感的理解」**、が大切だとしました。

## 交流分析療法

アメリカの精神科医**バーン**[用語解説]が提唱した、自己分析的な心理療法です。構造分析、交流分析、ゲーム分析、そして脚本分析の4つの分析を行なうことにより自分の置かれた状態に気づき、積極的に自我の状態や他者とのコミュニケーションの方法を変えるようにします。

●**構造分析**…患者の自我の状態がP（親）、A（大人）、C（子供）の3つのうち、どの自我状態にあるか、またどの自我状態をとることが多いか分析します。Pは親の姿に似た自我状態で内なる親の声、「良心」を指します。

**用語解説**

**ロジャーズ**（1902～1987年）…アメリカの心理学者。来談者中心のカウンセリング、非指示的カウンセリングによる心理療法を確立。自己実現の原理の提唱でパーソナル理論にも多大な影響を及ぼした。

Aは大人の自我状態であり、現実を客観的に評価する心の働きを指します。そしてCは子供のように行動し、感じたりする自我の状態を言います。

●**交流分析**…対人関係のコミュニケーション状況を分析するものです。交流が期待通りに

## 交流分析療法

❶ コピー終わっている？
❷ あ、ちょっと待ってて下さい
まだやってないの？ ❸
たまには自分でやればいいのに…… ❹
先輩
後輩
P
A
C
P
A
C
❶
❷
❸
❹
表面的な交流
言葉や態度に隠された裏面交流

●結　果●

表向き＝互いにA（大人）主導型
裏面＝互いにP（親）主導型

**用語解説**
**バーン**（1910〜1970年）…アメリカの精神医学者。交流分析などの理論を提唱。著書に『精神医学・精神分析学入門』『心理療法におけるトランザクション分析』などがある。

展開していく「相補交流」、互いの期待とは行き違う「交叉交流」、言葉の裏に別の動機や目的が隠れている「裏面交流」があります。

**●ゲーム分析…**恋愛をはじめとする人間関係や仕事などで、自分の意に反した結果を迎えてしまう悪循環を断つため、原因（人格）を根本から治そうとする療法です。

**●脚本分析…**人生をやり直すため、潜在意識の中で作り上げてきた人生のシナリオを書き換える分析方法です。

## 行動療法

**アイゼンク**によって提唱された治療法で、不適応行動や問題行動は、誤った学習の結果として形成されたか、適切な学習が足りない状態で起こったものと考えます。そこで、再学習によって問題行動や不適応行動をなくしていくとともに、状況に合った行動判断を促し、強化していくという技法です。

## ゲシュタルト療法

ドイツの**パールズ**らによって提唱された実存主義的心理療法です。これは、自分のあるがままを受け入れることにより、自分の本当の姿に気づき、自己をコントロールしながら心のトラブルを解いていくことを目標としています。この方法は、自己啓発セミナーなどでも取り入れられているものです。

## 森田療法

精神医学者の森田正馬が創始した療法で、

**用語解説**

**アイゼンク**（1916〜1997年）…ドイツに生まれ、イギリスで活躍した心理学者。パーソナリティを判断するのに適した因子を調査し、モーズレイ人格目録を作成。性格特性の抽出を行なった。

日本では比較的広く行なわれています。

これは、強迫症状や恐怖症などに悩む患者を病院の個室に入院させ、自己の症状と対決させるというものです。日記の添削や与えられた作業への指導、治療者との話し合いなどを通して、患者が自分の性格をあるがままに受け入れることで、心を圧迫していた強迫症状から抜け出すことを目的としています。

## その他の療法

この他にも音楽を治療に取り入れ、心を開放させる音楽療法や、香りを使った**アロマテラピー**、ペットの癒し効果を利用した**ペットセラピー**なども最近流行の心理療法の1つと言えるでしょう。

ペットセラピーの効果
ペットセラピー
ペットを飼うことによって、誰かに愛されたい、必要とされたいという願望が満たされる。アニマルセラピーとも言う
ペットの効果 1
ストレスやうつ症状などからくる孤独を癒してくれる
ペットの効果 2
老人ホームのお年寄りの心理状態をよくする
ペットの効果 3
自信を与え、人間関係の円滑化や、幼児の情緒発達を促進
ペットの効果 4
なでると血圧が低下。循環器椎患者の退院後の生存率が高まる

**用語解説**

**パールズ**(1893〜1970年)…アメリカの心理学者。ロール・プレイング(役割演技)や夢分析などの技法を用いることで自分の中で自分を認め、自立させるための心理療法、ゲシュタルト療法の創始者。

# 年代別に現れる心理疾患にはどんなものがあるか？①

――乳児期～青年期――

## 乳児期

　この時期の子供の心のあり方には、家族、特に母親との関係が大きく影響を与えます。

**●アタッチメント不足による神経症的傾向**

「人が生まれてから数カ月の間に特定の人（特に両親）との間に結ぶ情愛的な絆」のことを**アタッチメント**と言います。これが築かれなかった子供には、過度な指しゃぶりや爪噛み、夜泣きやかんしゃくなどの神経症的な傾向や、情緒不安定などが見られます。

**●サイレント・ベビー**

「笑わない、泣かない、目を合わさない、赤ちゃんらしさがない」赤ちゃんが増えてきたという報告があります。

　小児科の柳沢慧医師はそれらの乳児をサイレント・ベビーと命名しました。これは、欧米から入ってきた合理的な育児文化の影響によって、母親と赤ちゃんの触れ合いが減ったためと考えられています。

　このような赤ちゃんはコミュニケーションの発達の遅れや、成長してからも対人関係がうまく築けないなどの弊害が心配されます。

## ギャングエイジの必要性

→仲間と徒党を組んでいる小学生。彼らは遊びながら対人関係のパターンを学習し、ルールやマナーを身に付ける
←一人でテレビゲームをする小学生。コミュニケーション不足の結果、健全な対人関係が築けない

### 児童期

小学校時代の子供たちを**「ギャング・エイジ」**と呼びます。これは、今まで一人遊びがほとんどだった子供が、気の合う仲間同士で徒党を組んで遊ぶようになることからネーミングされました。今まで絶対的存在だった親から離れ、子供たちは他人とのかかわり合いやルールを学習し、さまざまな対人関係の形態を経験するわけです。

ところが近年になって、ＴＶゲームの普及や習い事や塾に時間を奪われ、仲間同士で遊ぶ機会が減ってきました。その結果、健全な対人関係が築けない子供が増えつつあります。子供の心に大きな影を落とす**「いじめ」**問題もこれと無関係とは言えないようです。

●**不登校**

怠け心から学校を休む怠学と違い、なんらかの心理的、情緒的な原因により学校に行けない状態になることを不登校と言います。

登校時間になると頭痛や腹痛などを訴えるなど、神経症的な症状がよく見られます。

原因はさまざまで、家庭や学校などの環境が複雑に絡み合っている場合が多いため、それぞれのケースに合わせた心のケアが必要となります。

●**心理疾患と区別されるべき症例**

授業中席に座っていれない、何度注意されても同じことを繰り返すなどの**「注意欠陥多動性障害」**や知能の遅れがないのにもかかわらず、読み書き計算に困難をきたす**「学習障害」**などの症例は、先天的な発達障害であり、心理疾患ではありません。

## 青年期

青年期は、身体の成長はもちろん、一人の人間としてアイデンティティを確立する、心理面での成長期でもあります。この時期に起こる心理疾患や症候群には、心理的離乳ができない、アイデンティティの確立ができない、対人関係が築けないといったことが大きな原因となっていると考えられています。

●**青年を悩ますさまざまな症候群**

①**思春期挫折症候群**（P226参照）
②**青い鳥症候群**（P226参照）
③**スチューデント・アパシー**（P226参照）
④**ピーターパン・シンドローム**（P226参照）
⑤**引きこもり**（P216参照）

## 青年期を悩ます症候群

### 「ピーターパン・シンドローム」に陥る青年

いつまでも大人になりたくない、少年のままでいたいと強く願うピーターパン・シンドローム。それに伴い精神や考え方も成熟しないことが多い。他にも「本当の自分」という青い鳥を探してさまよう青い鳥症候群など、青年期にはさまざまな心理疾患がある

# 年代別に現れる心理疾患にはどんなものがあるか？②

——人生の正午・中年期——

ユングは中年期を太陽の運行に例え「人生の正午」と呼び、心理学者のレヴィンソンは「人生の秋」と言っています。つまり中年期はこれまでの人生を振り返り、これからの人生を考える大切な転換期の頂点であり、人生の冬（老い）に備える時期だというわけです。

## 中年期を襲う(?)中年期クライシス

かつて中年期は、人生の中で一番安定した時だと思われてきました。しかし近年においては、平均寿命の伸びや社会情勢の変化により、穏やかな中年期を過ごすのは難しくなってきたようです。むしろ、多くの葛藤や困難に見舞われる時期であると言われるようになり、**「中年期クライシス」**（中年期危機）という言葉が生まれました。実際、日本における中年の（主に男性）の自殺は年々増加の傾向にあるようです。

心理学者の**ベック**[用語解説]は、中年期に訪れる危機として次の4タイプを挙げています。

①**身体的活力の危機**…体力よりも英知に重点を置いた生活へと切り換えていくことが可能かどうか？

**用語解説**

**ベック**（1921～）…アメリカの精神科医。うつ病の精神分析的研究を通して、認知のあり方がうつ病の情緒状態と深く関連していることを解明。認知療法を発表し、うつ病やパニック障害の治療法を確立した。

**②性的能力の危機**…性的な要素を基盤とした異性関係から、精神的な要素を中心とした異性関係へと円滑に移行できるかどうか？

**③対人関係構造の危機**…対人関係の縮小という事態に際し、新たな人間関係を柔軟に構築できるか？

**④思考の柔軟性**…自分個人のそれまでの考え方に固執せず、新たな可能性を柔軟に思考できるか？

このように、人は中年の時期にそれまで自信をもっていたことに不安と疑問を感じ、再構築の必要を迫られるというわけです。

現代の日本において中年期クライシスを呼ぶ具体例としては、体力・気力の低下、健康面の不安、社会的責任の増大、転職やリストラ、昇進や降格、単身赴任、家庭での役割の増加、子育てや子供の自立、近所付き合い、親の介護、更年期障害、熟年離婚などが挙げられます。

つまり、これらはすべてこの時期に誰もが経験しうる可能性のある出来事なのですが、それによって生まれたストレスにより、心の健康を保てなくなる人が増加してきています。

## さまざまな中年期クライシスの症状

中年期クライシスによって引き起こされる心理疾患には次のようなものがあります。

### ●出社拒否症

仕事や職場での人間関係でストレスをためこみ、心身症や心気症に陥り、出社できなくなる症状のことを言います。通勤途中に突然不安にとりつかれ出社できなくなるタイプと、出社途中に腹痛や下痢症状を起こすタイプがあります。

**●帰宅拒否症**

家での居場所がないと感じ、会社が終わっても家に帰りたくないと強く感じ、実際にカプセルホテルを泊まり歩くサラリーマンもいます。主な症状はうつ状態で、不安感や恐怖感、さらに不眠や頭痛、下痢などの身体的症状を示すことも。仕事人間で家庭を省みなかった人がかかりやすいようです。

**●微笑みうつ病**

リストラや経営危機、職場での板挟みなどにさらされている中年男性に多いと言われる心の病。ストレスに襲われた苦しく憂うつな気分を隠そうとして、不自然なほどにニコニコと作り笑いをしたり、必要以上に明るく振る舞ったりします。そのため、周囲には一見元気そうに見えますが、ストレスだけがますますたまり、ある日突然蒸発をしたり、自殺をしたりしてしまうこともあります。

**●身体化症候群**

この言葉は、１９８２年に初めて、アメリカ精神医学学会の診断基準において登場したものです。

頭痛や耳鳴り、めまい、しびれなどの身体的症状を訴えて病院を受診。しかし、検査をしてもなんら異常が発見されません。医師に「大丈夫です」と言われて帰されますが、症状は一向に改善しません。実はこれらの身体的不調の原因は心理的なストレスであるため、それが解消されない限り症状は続きます。

**●燃え尽き症候群**（P223参照）

**●空の巣症候群**（P226参照）

## 中年期クライシスの症状

平均的寿命の伸びや社会情勢の変化により、中年期を穏やかに過ごすのは困難になっている

# 幸せな老いを迎えるために知っておきたい老年心理学

## エイジング～老いの受容

### 老年心理学とエイジング

老年期、および加齢による人間の心のあり方や変化などを対象とした心理学を、**「老年心理学」**と呼んでいます。

ここで登場する**加齢（エイジング）**という言葉についてちょっと触れておきましょう。

日本では「加齢（エイジング）」＝「年を取ること」と訳されがちですが、本来は生まれてから死に至るまでの、生涯発達的視点から見た人間の発達変化を意味しています。

そして、このような研究は**「生涯発達心理学」**と呼ばれています。

これによれば、人間の機能は成長のピークを向かえた後に老化するわけではなく、成長と老化は生まれた時から同時に進行し、２つの質と量が年齢を重ねることによって変化していくことを「発達」と言うのです。

左頁の図を見て下さい。これは、心理学者の中里克治氏と下仲順子氏の調査を元にした、年齢と知能の変化の図です。この図からもわかるように、新しいことを学習し、新しい場面への適応を必要とする際に働く能力である

## 年齢による「流動性知能」と「結晶性知能」の発達

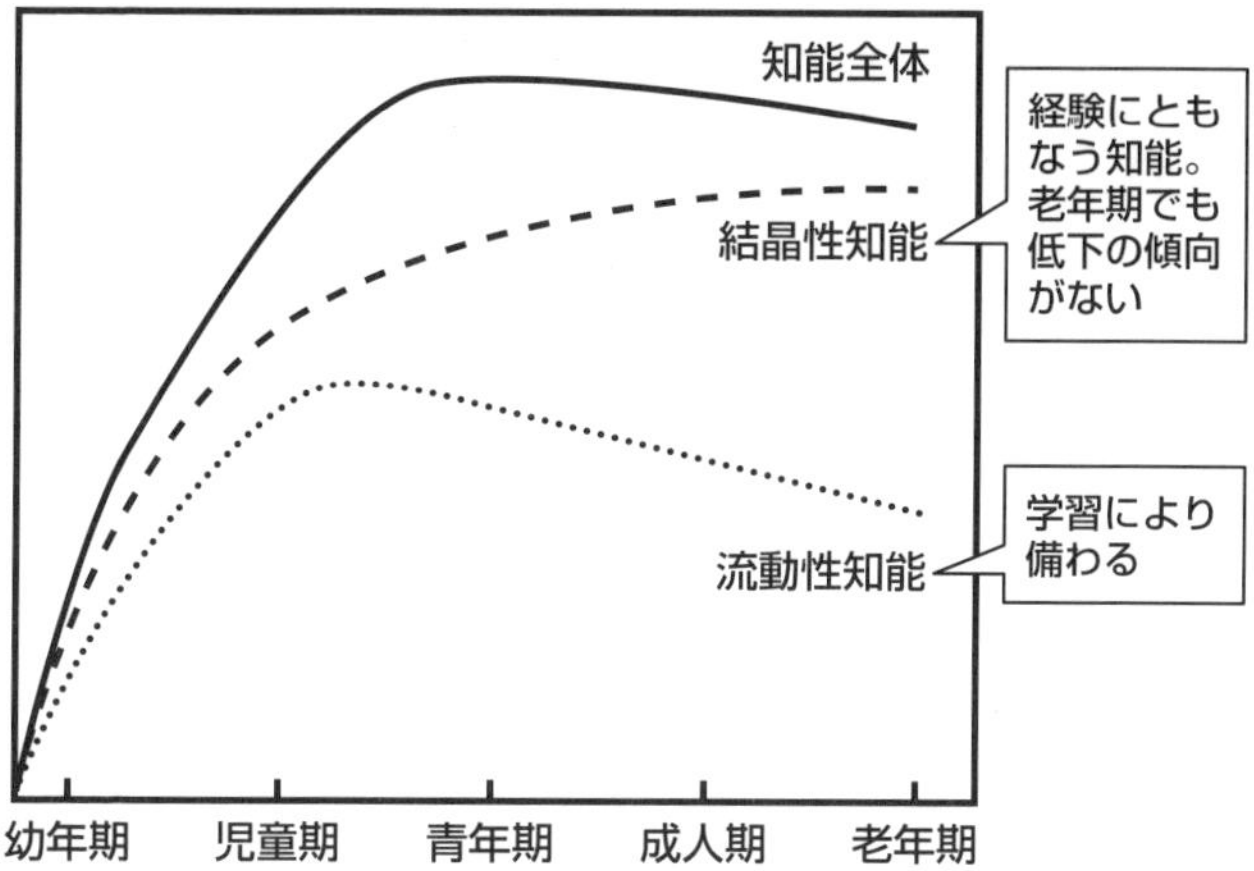


**「流動性知能」**は脳髄や個体の生理的成熟に密接に関係し、年とともに低下するものの、経験に伴う結果が結晶化された**「結晶性知能」**は年をとっても低下する傾向は見られません。

つまり、老年期においてなお、人間は機能的にも心理的にも発達を続けているわけです。

### 幸福な老いを迎える3つの理論

高齢化社会へと拍車がかかる現代の日本において、いかに自分らしく前向きに老いを受け入れてくことができるのか、心理的肉体的アプローチが必要となっています。

確かに老年期には心身や社会環境にさまざまな変化が訪れます。それにうまく適応しながら**「幸福な老い」（サクセスフル・エイジング）**を迎えるための理論が次の3つです。

**●活動理論**

仕事を生き甲斐とし、人生のほとんどの時間を費やしてきた人（特に男性に多い）が、退職後に目的を失い、生活への不適合反応を起こす場合があります。そこで、仕事によって得られた位置や充実感を埋めるような対象を見つけ、新たな人間関係を築き、退職前の活動水準を維持することが、心豊かな老年期を送ることにつながる、といった考え方です。

**●離脱理論**

退職に伴う活動量の低下や人間関係の現象は避けられないことと受け止め、個人的な趣味を楽しんだりする、仕事（今までの状態）から進んで離脱するのだという考え方です。この理論によれば、社会への参加水準が低いほど、個人の幸福感は高いということになります。

**●継続性理論**

老年期を迎えた人々は、社会環境や心身の変化に身を委ねているわけではなく、それぞれが歩んできた人生の中で、確立してきた要求に沿って現在の環境を選択し続けているのだ、という考え方です。

つまり、幸福な老いの実現方法は個人のパーソナリティや考え方に依存するため、社会への帰属により幸福感を得る人もいれば、反対に社会活動を抑制することで幸福な老いを手に入れる人もいるわけです。

最近ではサクセスフル・エイジングよりも、もっと老いを肯定的に積極的に捉えようとする**「プロダクティブ・エイジング」（高齢者が社会の中でいかに生産的に生きるかということ）**という言葉を、用語解説**ロバート・バトラー**が提唱しています。

**用語解説**

**ロバート・バトラー**…アメリカの精神科医。1963年に高齢者の回想（過去を思い出す過程）に肯定的な役割を見出し回想法を確立。現在も病院や老人ホームなどで積極的に取り入れられている。

## 老年期に見られる、パーソナリティの分類5パターン

憤慨型
不安を他人にぶつける
円満型
前向きに老いを認める
若いもんには負けん
装甲型
若さを取り戻したい！
はぁ～
自責型
自分を責める
安楽椅子型
リタイヤ後は安楽に暮らす

**●老年期に見られるパーソナリティの分類**

**①円満型**…前向きに老いを受け止め、過去の自分を後悔することもなく、なおも未来に向けて現実的な展望や希望を持っているタイプ。

**②安楽椅子型**…老いを受身的かつ消極的な態度で受け入れているタイプ。リタイヤ後は安楽に暮らそうとするタイプ。

**③装甲型**…老化への不安から、若い時の活動水準をキープしようと、身も心も重装備で固めているようなタイプ。

**④憤慨型**…自分の老化を受け入れることができず、それが他者への攻撃や非難という行動になって現れるタイプ。

**⑤自責型**…過去にばかり目がいき、自分の人生は失敗だったと、クヨクヨと自分を責めるタイプ。

## ちょっとティータイム♪

### ◆手軽に心を癒す方法② 旅◆

ストレス解消法に「旅行」と答える人も多いと思います。元気な時は海外旅行やスポーツ・ツアーなどアクティブなものもいいでしょう。では、心が疲れた時、どんな場所に行けば癒されるのでしょうか？　ずばり「森林」がおススメです。

森林に溢れる緑色には、心を落ち着かせる鎮静効果があるということはP38でも述べたとおりです。加えて、木々に囲まれた場所には心身をリフレッシュしてくれるマイナスイオンが満ちています。

さらに、近くに滝や清流があれば、なおベター。マイナスイオンのアップはもちろん、流れる水音の周波数は神経を落ち着かせるのによいと言われ、ＣＤも数多く発売されているほどです。

そこに温泉でもあれば、もう言うことなしですね。ただし、遠方への電車や車による移動は、パーソナル・スペースが長時間侵されることになり、逆にストレスのもとになりかねません。心が疲れている時は、遠くの景勝地よりも手近な森林スポットが正解です。

# 第4章

# 他者との理想的な関係を築くコツ

【心理学で知る「人間関係」】

# 人の態度を見て心を理解できる？

## 心を読み取るソーシャル・スキル

人間は、誰とも無関係でいることは、まずできません。生まれたての赤ちゃんでさえ親となる人の庇護が必要ですし、まして成長していくに従い、人間関係もどんどん広がっていくものです。昭和47年にグアム島で発見された元日本陸軍軍曹の故・**横井庄一**《用語解説》さんは、密林で誰とも接触を持たずに28年間（ただし最初の20年間は一緒に逃げた部下との共同生活）暮らしましたが、彼の場合はよほど特殊な例と言えるでしょう。

逆を言えば、横井さんの例を見てもわかるように、生きるために必要なものさえ準備できれば、人は一人で生きていくことも可能です。それでも誰かと何かしらの関係を築いていこうとするのは、幼い頃に母親（もしくは母親代わりの人間）と「二人で1つだった」記憶があるからだと言います。自我が芽生え「母親は別の人間である」「他人と自分は違う」と理解してからも、幼い頃の記憶が邪魔をして、個と個のぶつかり合いである人間関係を求め、そして時として悩むのです。

厳密に言えば人間関係とは、さまざまな価値観を持った他人同士が関係していくことです。血のつながりもない、まったく異質な人

**用語解説**

**横井庄一**…大正4～平成9年。愛知県生まれ。昭和19年にグアム島へ転属されるが、終戦を知らずにそのまま28年間潜伏。昭和47年島民に発見され奇跡の生還を果たす。帰国後は生活評論家として活躍。

## 好意がある場合の視線

女性は話をしている時、男性は話を聞いている時、相手の目を見つめる



間が新たな関係を結んでいくには、さまざまな能力を総動員しなければなりません。話術、表情なども人間関係を築くうえで大切ですが、中でも重要になってくるのが、相手の気持ちを読み取る能力――**ソーシャル・スキル（社会的技法）**と言えるでしょう。

### 相手の行動に気持ちが見え隠れしている

では、ソーシャル・スキルとは具体的にどのようなものでしょう？　相手の気持ちを読むといっても、超能力者でもない限り、人の心など読めるものではない、そう思っている人もいるかもしれません。ですが、ここで言う「人の気持ちを読み取る」とは、相手の行動を見て気持ちを察知するということです。

例えば、よく「目は口ほどにものを言う」

と言いますが、視線1つ取ってみても、好意のある相手の会話している場合、女性なら自分が話している時、男性なら話を聞いている時に、相手の目を見つめることがわかっています。

また、興味のあるものを見つめるとき、人は瞳孔が拡大することも知られています。実際にアメリカの心理学者**ヘス**は、女性の被験者に赤ちゃんを抱いた若い母親の写真を、男性の被験者に女性のヌード写真をそれぞれ見せたところ、女性は平均25%、男性は平均20%瞳孔が大きくなったことを、実験で証明してみせました。ちなみに双方に風景写真も見せましたが、この時瞳孔の拡大は見られなかったそうです。つまり、相手が自分を見る時、瞳孔が開いて目がキラキラ輝いているかどうかで、自分に対する興味の度合いを調べることもできるというわけです。

このように、相手の瞳やちょっとした視線でも好意の有無を確認でき、これを読み取る能力こそが、ソーシャル・スキルなのです。

## 自分のソーシャル・スキルをチェック！

それではここで、自分がどれだけ相手の心を読み取る能力があるか調べてみましょう。154～155ページの表を読み、そこに書かれた相手の行動が「歓迎」か「拒否」のどちらを表しているか、推測してみてください。そして「これは歓迎の意味」と思った番号を書き出してみましょう。

すべてを読んで「歓迎」と思われる番号を書き出したら表の下に逆さに書かれた番号と見比べてください。ここに書かれている番号

## ヘスの行なった実験

女性には赤ちゃんの写真、男性には女性のヌード写真を見せた結果、それぞれ瞳孔が20%以上大きくなった



が「歓迎」を表しているもので、他はすべて「拒否」になります。正解率が高いほど、相手の心を読み取る「ソーシャル・スキル」が高いということになります。

ちなみに、このテストは、アメリカでベストセラーになった『**ウィニング・ムーブス**』をひな型としています。これは、お客の気持ちを表情やしぐさから読み取るためのハウツウ本で、著者のケン・デルマーは、わずか137ドルを元手にたちまち大金持ちになったという立志伝を持つ営業マンです。

ソーシャル・スキルは、友達作りから恋愛、そして営業活動まで、あらゆる人間関係に求められる能力です。さまざまな場面で相手から提示されるチャンスを逃さないためにも、日頃からしっかり磨いておきましょう。

下の表を読んで、相手が歓迎の意を表すと思うものにチェックしよう！

| | |
|---|---|
| ⑯ 書類などを受け取る時、すかさずあなたのほうに身を乗り出す | □ |
| ⑰ 頭や身体を傾けたり、後ろにそらしたりする | □ |
| ⑱ 頭や顔、鼻やその周辺を盛んに手で触る | □ |
| ⑲ 腕組みをしながら話をする | □ |
| ⑳ 手で顔や口をさりげなく隠す | □ |
| ㉑ 身体と顔があなたのほうを向いている | □ |
| ㉒ 立ったままの姿勢を崩さない | □ |
| ㉓ くつろげる場所に席を移したり、移そうとする | □ |
| ㉔ 机の上にある灰皿やコーヒーカップなどの障害物を取り除く | □ |
| ㉕ 話の最中に電話が鳴った瞬間、にやっと笑ったり、急いで受話器をとったりする | □ |
| ㉖ あなたの話に3回以上うなずく | □ |
| ㉗ 家族の写真やスポーツの賞品など、プライベートに関わるものを見せようとする | □ |
| ㉘ 話しながら、あなたの身体に軽く触れる | □ |
| ㉙ 手を横に振って話をさえぎる | □ |
| ㉚ 手は自然に下ろして膝に置いたり、机などの上に軽く開いて置く | □ |

●『すぐに使える！心理学』渋谷昌三（PHP研究所）より

⑲腕組みをしながら話をする

㉖あなたの話に3回以上うなずく

㉙手を横に振って話をさえぎる

## ソーシャル・スキルチェック表（渋谷式チェックリスト）

1. あなたが相手の元を訪れた時、あなたの顔を見て立ち上がった □
2. 座って話をしている時は落ち着いており、あなたの動きを追う他はあまり動かない □
3. 話を聞いている時、じっと目を閉じたり、まばたきをよくしている □
4. まぶたを細め、瞳を縮小させる □
5. あなたの動作と似たような動きをしたり、表情をマネる □
6. おもしろいことを言ってもいないのに笑う □
7. 動きがごく自然でリラックスしている □
8. あなたが話している最中に、机の上のものをいじったり、引き出しを開けたりする □
9. 上着やズボンから、ゴミを払ったり取るような仕草をする □
10. 上着を脱いだり、上着のボタンを外したり、ネクタイを緩めたりする □
11. 必要もないのにメガネをかける □
12. 椅子にきちんと腰掛け、前かがみになったり、身を乗り出したりする □
13. 前髪をおろして目をかくす □
14. 両手を頭の後ろで組む □
15. あなたに見えるように時計を見る □

**ソーシャル・スキルテストの正解（歓迎を表すもの）**

1、2、5、7、10、12、16、21、23、24、27、28、30

## 嘘がバレやすいのは男性？　それとも女性？

　さまざまな人間関係を築いていく中で、人は、本当は「ＮＯ」と言いたいのに言えない場面に遭遇することも多々あります。親しい相手でも「断って嫌われたくない」と思えば、そういう心理が働くでしょうし、まして相手が仕事上の上司だったり、大事な取引先だったりという場合はなおさらでしょう。

　では、こういう場合、相手に「嫌だな」という気持ちを悟られない行動が取れるのは、男性と女性を比べた場合どちらでしょう？　実際に調べた実験では、興味深い結果が得られました。

　一般に「男性は嘘が下手、女性は嘘が上手」と言われますが、実験で女性は、嫌な気持ちを悟られまいとするのか、相手と視線を合わせる動作が目立ちました。「相手へ視線を送るのは好意の現われ」ということを、女性はよく知っているのかもしれません。対して男性は、普段とあまり態度が変わらない場合がほとんどでした。

　結果は、相手への態度があからさまな女性のほうが嘘がバレやすい、となりますが、これは被験者を観察したのが心理学者だったからこその結果です。裏を返せば、女性はソーシャル・スキル指数が高いことの証でもあるわけで、ソーシャル・スキルの低い男性が女性の行動を見ても「嫌がってる」と見抜けることは少ないかもしれません。つまり〈一般の女性VS心理学者〉では心理学者が有利。〈一般の女性VS一般の男性〉では女性が有利と言えるでしょう。

## 嘘をつく時、女性は態度が変わる

心理学者＞一般の女性
女性の態度からソーシャル・スキルをチェックすれば、嘘を見抜くことができる
視線を合わせる
（ソーシャル・スキルが高い）
普段とあまり変わらない
一般の男性＜一般の女性
女性のほうがソーシャル・スキルが高いので、男性は嘘を見破れない

## 魅力的な自分をどうアピールする？

### 説得力と近接度の高い会話で心理的距離を縮める

前項で紹介した「ソーシャル・スキル」と併せ、人間関係を築くうえで大切なのが、「自分をいかに魅力的にアピールするか」です。「私は容姿に自信ないし、魅力なんてアピールできない」――そう思っている人はいませんか？　でも、その人の魅力は、見てくれだけではありません。人との会話で自分を魅力的にアピールする。そんな方法もあるのです。例えば周囲を見回してみて、人を説得するのが上手な人はいませんか？　同じようなことを言っているのに、その人の言うことには誰でも必ず耳を貸す、という人は、話術で人を惹きつけている魅力的な人です。逆に、他の人が話すと耳を貸すのに、自分の言うことは聞いてくれないというのなら、あなたの話術に問題があるのかもしれません。では、魅力的な話術とは、どのようなものでしょうか？

人の気持ちを惹きつける話術というのは、説得力のある話術です。そして会話に説得力を持たせるには、自分自身への自信が欠かせません。確信を持っている人は熱心で力強く、活発、有能、支配的などと評価され、実際に自信のある人の話し方には、声が大きく、間が短く、スピーチの速度が速いといった特徴が挙げられます。速度の目安としては、400字詰め原稿用紙一枚を、約1分で読むぐらいが良いようです。

また話す順序も大切です。方法として、肝心な結論部分を最後に話す**「クライマックス法」**と、最初に話してしまう**「アンチクライマックス法」**があり、一般には、最後に余韻が残るクライマックス法がオーソドックスと言われています。ですが、相手に聞く気がない時はアンチクライマックス法がベター。最初にインパクトの強い結論を知ることで、その後の説明をきちんと聞いてくれる可能性が高いのです。

さらに、**「近接度」**を高めるのも、魅力アップに大きく役立ちます。近接度とは、話し手と会話内容との隔たりを表す心理用語で、近接度が高い話し方をする人ほど相手に親近感を持たせます。いわば、相手との心理的距離を縮める言い回しが上手なのです。では、近接度の高い会話とはどんなものでしょう？

仮に、自分が誰かを説得しているとしましょう。そして、初めての交渉で、思ったとおりに話が進められないまま時間が切れたとします。この交渉を成立させるためには、相手とまた会って話をしなければならない、そんな時には「またお会いしなければなりませんね」と言うよりも「またお会いしましょう」と言ったほうが、近接度が高まります。他にも「あなたとじっくり話し合いたい」ではなく「私たちでじっくり話し合いたい」、「今度はランチをご馳走します」ではなく「今度はランチをご一緒しましょう」などが、近接度の高い言い回しとなります。ほんの、ちょっとした言い回しですが、この「ちょっとした」点に、相手は前向きで一体感のある印象を見出してくれるのです。自分の話術に自信がない、相手がなかなか説得に応じてくれない、などと感じたら、こういうささいな言い回しに気をつけてみると、相手に好印象を与えることができるでしょう。

## ラベリングで自分を有効的にアピール

私たちは誰でも周囲の人々に対し「あの人は感情的な人だ」とか「この人は穏やかで落ち着いている」などと、一言で言い表せるイメージを持っていることでしょう。人は無意識のうちに相手を特定のイメージで捕らえていて、この作業を心理学では**「ラベリング」**と呼んでいます。もちろん人間は複雑な生き物ですから、時としてラベリングは偏見にもつながりかねませんが、逆に仕事などの人間関係で利用すれば、自分を魅力的にアピールすることも可能です。ちなみに相手に良いラベリングをしてもらうには、何といっても最初の印象が重要です。第一印象で何が何でも良いイメージを植えつけなければなりません。

実際に「ラベリングには最初の印象が大事」ということを証明した実験があるので、ここに紹介しましょう。実験は、複数の被験者の前で、二人のサクラに試験問題を解いてもらうというものですが、試験は合計2回、1回目はAのサクラが、2回目はBのサクラが好成績を取ります。そして2回の試験の合計点は同点にしました。客観的に見れば、試験の合計点は同じですので、AとBのサクラに甲乙をつけるのは難しいところです。ですが、

## ラベリングは第一印象が鍵！

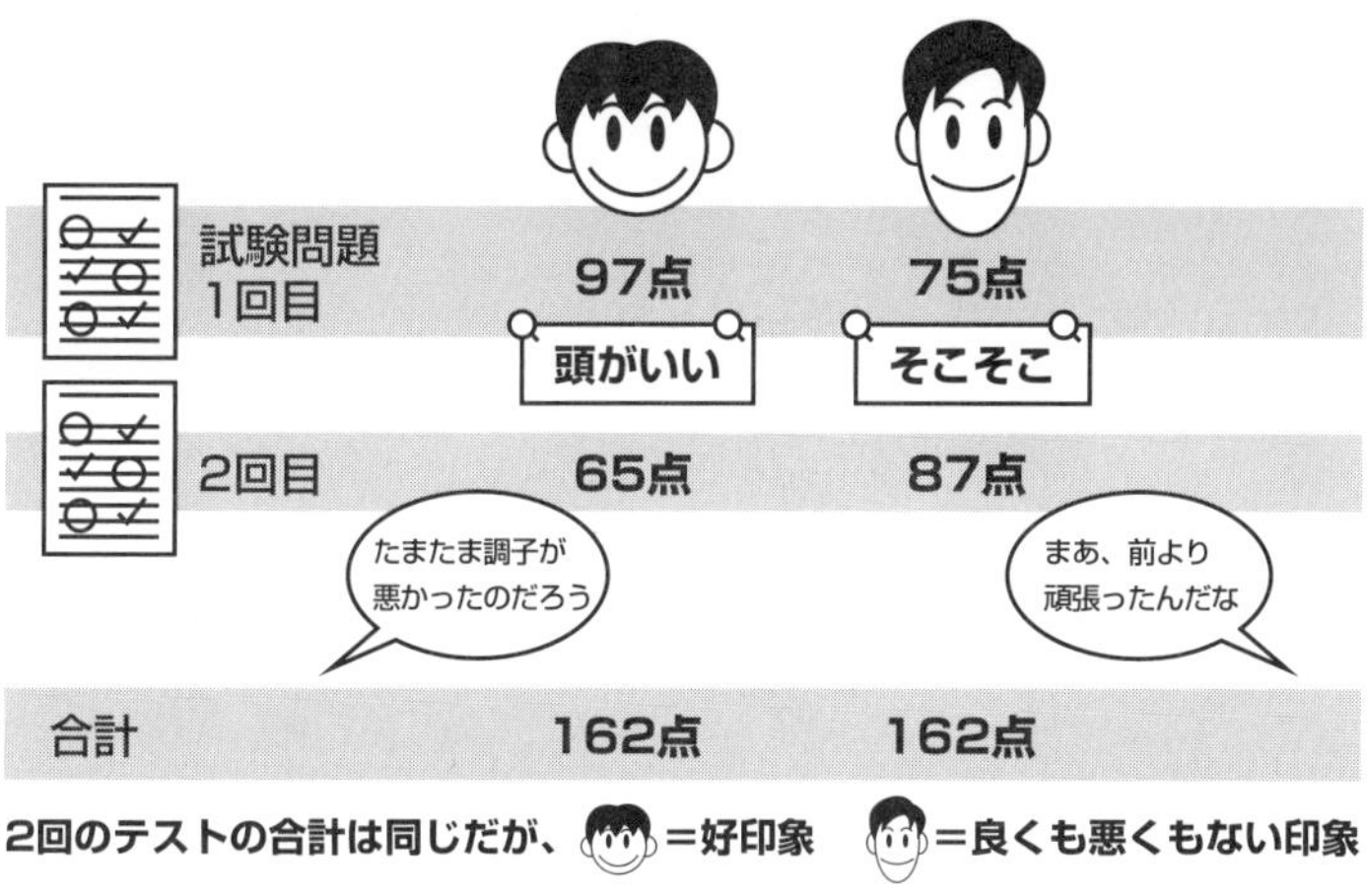

2回のテストの合計は同じだが、
＝好印象
＝良くも悪くもない印象

この試験の成り行きを見守っていた被験者に二人の印象を尋ねたところ、Ａのほうを高く評価したのです。２回目の試験が不振だったのも「たまたま調子が悪かったのだろう」と、好意的に捕らえてくれました。つまり、最初の印象＝１回目の試験の結果が良いということが、ＡをＢより優秀と判断させたわけです。

　このように、第一印象がラベリングの決め手となるので、会社内でも人間関係が定着する前の初期の段階で、自分をいかにアピールするかが大切です。また、集団の中でどんな役割を演じたいかによっても相手への意識付けが変わってきますので、まずは自分の位置を見極めることも必要です。人事異動や進級、進学などで環境が変わるのはストレスですが、逆にラベリングを上手く活用できれば、今まで以上に良い人間関係を作り出せるでしょう。

# 恋愛は人間関係の究極の形？

## 「孵化期」の重視が成功への鍵

部下と上司、生徒と先生、女性の友人同士、男性の友人同士……と、人間関係にはさまざまな形が存在しますが、とりわけ難しいのが恋愛関係です。何しろ、血縁関係もない男女が、性差という壁を乗り越えて誰よりも深く付き合うのですから、難しくて当然と言えるでしょう。つまり恋愛が上手な人は、その他の人間関係もうまくやっていける力がある、というわけです。150ページで「ソーシャル・スキル」について記しましたが、恋愛関係を学ぶことが、この能力を身に付ける、一番の近道と言えるかもしれません。それくらい恋愛関係には、自分の持っているスキルを総動員させる必要があるのです。

話は変わりますが、心理学者の**ワラス**は、偉人の発見や発明には、すべてにおいて4つのステップがあると主張しました。4つのステップとは、まず情報を収集する**「準備期」**、情報を検証するためにしばらく寝かせる**「孵化期」**、ひらめく**「啓示期」**、そして確認する**「検証期」**です。実際、古代ギリシャの数学者アルキメデスが「浮力」を発見した際も、このステップが見事に生かされています。

アルキメデスは、当時君臨していたシチリ

ア王に、王冠に使われている純金の量が、細工師にごまかされていないかを調べるように命じられました。そこで彼は、王冠と純金に関する情報を集め（準備期）、自分の頭の中でそれらを整理していきました（孵化期）。そしてある日風呂に浸かっている時、自分の身体が沈んだ分だけお湯がこぼれる様子を見てひらめき（啓示期）、王冠と同量の金塊を水に沈めることで、王冠の金の量がごまかされていないか調べることに成功しました（検証期）。この一件が、浮力の発見につながったというわけです。実は恋愛などの人間関係にも、このプロセスが大事なのです。そこで左の図を見てください。

## 恋愛における4つのステップ

大手会社勤務
エリート
身長175cm
準備期
デートして彼のことをもっと知らなきゃ
孵化期
啓示期
なるほど、彼はこういう人なのね
結婚してもいい相手だわ！
検証期

どうでしょう？　ありきたりの恋愛話ではありますが、４つのステップがしっかり生かされていると思いませんか？

ここで大切なのは、2番目の「孵化期」です。一目惚れだったり、その場で意気投合したりすると、この孵化期がおざなりになり、いきなり「結婚したい！」といった啓示期に突入しがちですが、孵化期が抜けると、相手の人間性を見極める機会がないままゴールインすることになります。これはもちろん、恋愛以外の人間関係にもつながることで、相手の人間性を準備期だけで決めつけるのは危険なことと言えるでしょう。恋愛という人生でも重要な人間関係の構築で失敗しないためにも、４つのステップを常に心がけるようにしたいものです。

さて、最後になりますが、出会いがあれば別れもあると言われるように、恋愛関係にも終わりが訪れる時があります。そしてここで大切なのが「後味の良い終わらせ方をする」ということです。もともと社会生活で何の接点もない二人ならさほど問題もないでしょうが、**「3メートル婚」**という言葉もあるように、人は意外と身近な相手と付き合うもので、例えば相手が同僚なら、別れた後も毎日顔を突き合わせなければならない、ということもあるものです。こういった場合、相手を憎んだり、すべて拒絶するのでは、自分も相手も辛いだけでしょう。恋の終わりにも、相手の気持ちを読み取って自分の気持ちを伝えたり、静かな感情でいられるように心を砕くソーシャル・スキルが求められてきます。これは、かなり高度なテクニックですが、「恋愛上手は別れ上手」という言葉を聞いたことはありませんか？　そう、別れをうまく乗り越えてこそ、恋愛という最も高度な人間関係のソーシャル・スキルを身に付けた、真の大人と言えるのです。

## 「ライク」と「ラブ」を勘違いしないために

よく比較されることですが、「好き」という気持ちには**「ライク」**と**「ラブ」**があります。ライクは「尊敬」や「信頼」、態度が似ている人に親近感を抱く「類似性の認知」といった感情が主ですが、ラブになると、相手の成功や失敗を自分のことのように感じて嬉しがったり辛がったりというように、一体感が強まるものです。

一般に女性はライクとラブの線引きにシビアですが、男性は明確に分けることが苦手な人が多いようです。好き＝ラブになってしまうため、自分に「ライク」の感情を抱いている女性を「ラブ」と勘違いして強引に誘い「そんなつもりはないのに」と拒否されたり、嫌われたりしてしまうのです。恋愛にはセックスがつきものなので、踏み込まれる側（女性）と踏み込む側（男性）の肉体的な違いが、考えの違いとなるのかもしれませんね。

ところで、このライクとラブ、果たして自分はしっかり把握しているのでしょうか？　もし、気持ちに不安なことがあるなら、167ページの1～12ある質問の中の○○という箇所に相手の名前を入れて答えてみてください。そして、以下の文章は、チェックが済んだ後に読んでください。

チェックは済みましたか？　これは、デンマークの心理学者**ルービン**《用語解説》が考案したものを



**用語解説**　**ルービン**（1886～1951年）…デンマークの心理学者。現象学的な立場から図と地の研究を行ない、その成果が後にゲシュタルト理論の重要な一部となった。多義図形「ルービンの盃」の考案者としても有名。

参考に作った項目で、奇数番号が「ライク」、偶数番号が「ラブ」を表しています。つまり、偶数番号にチェックが入るほど、相手に対して「ラブ」の感情がある——つまり真剣に愛しているという結果になります。どうでしょう？　自分の相手への本当の気持ちが見えたでしょうか？

## 片思いの相手と親密になれる秘密のテクニック

片思いは辛いものです。胸の思いを打ち明けたくても、それで嫌われたら悲しいし、かといって、このままでは進展も期待できない——。そんな時、相手とより親密な関係になりたいなら、ぜひ次の4つのポイントを実践してみてください。

### ①相手を一度けなしてから褒《ほ》める

相手が好きなのですから、褒めることしか考えられない！　という人もいるでしょう。もちろん褒めることはとても有効ですが、その前に一度けなしてみると、次の褒め言葉がより印象的に相手に伝わります。褒められるという報酬の効果は、自尊心が低下している時のほうが大きいからです。

### ②薄暗い場所を選ぶ

明るい場所より暗い場所のほうが、自分自身をさらけ出すことへの抑制が取り払われ、親密感が急速に高まりがちです。これは、心理学者**ガーゲン**が証明したもので、明るい部屋と暗い部屋それぞれに1時間ずつ、複数の男女に入ってもらう実験がなされました。すると、明るい部屋ではお互いが離れて座り、当たり障りのない会話に終始しましたが、暗い部屋の男女は時間が経つにつれ口数が少な

## ライク？　ラブ？　チェック表

当てはまるものにチェックしてください。

| | | |
|---|---|---|
| 1 | ○○は順応性があると思う | □ |
| 2 | ○○とこの先一緒にいられないなら、きっとみじめな気持ちになるだろう | □ |
| 3 | ○○は他人から賞賛される人になると思う | □ |
| 4 | ○○のいない生活はとても辛いだろう | □ |
| 5 | ○○の判断力を信頼している | □ |
| 6 | ○○が嫌な思いをしている時は、元気づけてあげたい | □ |
| 7 | ○○と自分はよく似ていると思う | □ |
| 8 | ○○のためなら、どんなこともするつもりだ | □ |
| 9 | ○○と一緒にいる時、二人は同じ気持ちでいられる | □ |
| 10 | ○○になら、どんなことでも打ち明けられると思う | □ |
| 11 | ○○なら、グループの代表に推薦できる | □ |
| 12 | ○○と一緒の時、かなり長い時間、彼（彼女）をただ見つめていることがある | □ |

●ルービンの尺度より作成

●『すぐに使える！心理学』渋谷昌三（PHP研究所）より

くなり、場所を移動してお互いの身体に触れ合ったり、抱き合ったりするようになったといいます。

### ③食事を取りながら会話する

美味しいものを食べることは、人間にとっては誰でも心地よい体験となります。そして、食事中に聞いた話や一緒にいた人に対しては、「美味しいものを食べた」という心地よい体験と結びつき、好感度が高まるのです。これを**「ランチョン・テクニック」**と言います。

### ④会って会って会いまくる

アメリカの心理学者**ザイオンス**は、大学の卒業アルバムから抜き取った10枚の写真を被験者に見せ、それぞれの人物に対する好感度を調べました。ちなみに写真は1回しか見せないものもあれば何度も見せるものもある、という風に、見せる頻度を写真ごとで変えました。すると、見せる回数が多いほど、好感度が高いという結果が出たのです。これを**「単純接触の原理」**と呼びますが、相手に自分の姿を見せれば見せるほど、好感度は高まり、それがいつの間にか恋になる、という可能性を示唆した実験です。出会ったばかりで何度も会えるかどうか……？という場合は、何度も話しかけることで同様の効果が得られます。例えば2時間程度のパーティなら、数回にわけて話しかけてみて下さい。最初は、3分ぐらいにし、徐々に時間をのばしていきます。初対面では話がもたないので、回数をわけて接触をもつのが良いでしょう。

ただし単純接触の原理が成り立つのは、第一印象が決め手となります。第一印象で悪いイメージを抱くと、会えば会うほど嫌われる可能性が高いのでご用心を。

**用語解説**

**ザイオンス**…1923年、ポーランド生まれ。アメリカで活躍した社会心理学者。社会的態度の研究、社会的促進の問題、知的発達に及ぼす家庭の影響などの研究を行なう。

## 片思いの相手と親密になるテクニック

相手とより親密になりたい時は、この4つのポイントを押さえておこう！

# 「個人」と「集団」で何が変わる？

## 集団思考のメカニズムと危険性

「向こう三軒両隣」といったご近所付き合いを大事にする概念や、江戸時代の農民の連帯責任制度「五人組」に代表されるように、日本には昔から「集団」を大事にする考えが残っていました。が、戦後、文化の欧米化に伴い「集団」よりも「個人」を尊ぼうという風潮も強まっています。そしてそれは、都会の人間関係により色濃く出ているようです。

心理学者の**ミルグラム**《用語解説》は、都会——特に大都会に住む人には、大勢の**「ファミリア・ストレンジャー」**がいると考えました。ファミリア・ストレンジャーとは、顔を見知ってはいるが、話したことも挨拶したこともない他人、いわば「見慣れた他人」を指します。そこでミルグラムは、通勤電車に乗る乗客たちの写真を撮り、次の週に同じ時刻の電車に乗り込んで、乗客にこの写真を見せるという実験を試みました。すると、一人あたり平均4人の乗客——ファミリア・ストレンジャーを認識し、しかも関心を持っているという結果が出ました。それぞれが自分のファミリア・ストレンジャーに何かしらの興味を持っているわけですから、何かきっかけさえあれば、挨拶や言葉を交わす関係にもなれたはずです。

**用語解説**

**ミルグラム**（1933〜1984年）…アメリカの社会心理学者。援助行動、服従の心理などに関するさまざまな心理学実験を精力的に行なっていた。

　ここで「毎朝顔を合わせる程度の人なんて、知り合いになってもしょうがない」という意見も出てきそうですが、あながちそうとは言い切れません。近隣騒音の調査では、騒音の迷惑度を100％が最大とすると、顔を合わせて挨拶する間柄では35％まで激減したという結果が出ています。つまり、しょっちゅう顔を合わせる相手とは、ファミリア・ストレンジャー（個人）でいるよりも挨拶を交わすような関係（集団）になるだけで、よりよい関係を築いていけるというわけです。昔からの「向こう三軒両隣」は、なるほど理にかなった考えでもあったわけです。

　とはいえ、「集団」が「個人」よりも優れているというわけでは、決してありません。エール大学の社会心理学者**ジャニス**[用語解説]は、集団には「集団思考」が作用し、行動を時として望ましくない方向へ持っていくという説を打ち立てています。ではこの集団思考、どのようなものなのでしょうか？

　集団でいることでまず起こりがちなのが**「不敗の幻想」**です。集団の結束力が強固であればあるほど、メンバーはそれを現実の"強さ"と錯覚してしまうのです。例えば集団が出した〈結論A〉が"甘い"ものでも、結束力があるために"確実"なものと勘違いし、障害を簡単に乗り越えられるという楽観的な気分に支配されてしまうのです。そして、これが次の集団思考**「満場一致の幻想」**を生み出します。たとえ〈結論A〉に疑問を持っている人がいたとしても、その人は、ここで反対意見を出せば集団の結束が損なわれると考えて発言を控え、〈結論A〉に従ってしまう傾向にある、というわけです。

**用語解説**　**ジャニス**…アメリカの心理学者。1971年に個人ではストップのかかることでも、固定的集団になると浅はかな意思決定をしてしまう集団浅慮現象（グループシンク）を解明。「集団思考」理論を確立した。

## バンド・ワゴン効果

集団思考が働き、周囲の雰囲気やムードに流されやすくなる

またもう1つ、**「バンド・ワゴン効果」**も集団では気をつけたい現象です。バンド・ワゴンとは、パレードに登場する音楽担当の楽隊車のことですが、賑やかな演奏が人々をお祭り気分にするように、会議においては野次や拍手などがバンド・ワゴンの役割となりやすいのです。これで会場の雰囲気がムードに流され、偏った決議がされやすくなるというわけです。

　こうした集団思考を避けるには、集団の中の良い「雰囲気作り」が欠かせません。結束力を無駄に強めるよりも、問題解決するために自由討論できる空気を日頃から培っておくことが大切です。また、メンバーそれぞれが集団思考のメカニズムをしっかり理解し、不敗の幻想や満場一致の幻想に陥らないよう気を配ることも必要です。

## ケネディ政権が陥った集団思考

ジョン・F・ケネディといえば、人類最大の危機である「キューバ危機」を救ったアメリカ大統領として知られていますが、実はその前年の1961年、キューバのカストロ政権にCIAを中心にして侵攻作戦を仕掛けて、惨敗しています（ピックス湾事件）。侵攻を計画したのはケネディ大統領と、その有能なブレーンたちでした。彼らは敵を過小評価し、軍に頼らずとも内密にカストロを暗殺でき、彼の率いる社会主義政権を崩せると、非常に楽観した判断を下したのです。しかし結果は、弾薬や補給物資を積んだ船が、たった3日のうちに撃沈されるという結果に終わってしまいました。

前述の社会心理学者ジャニスは、まさにこれこそが**集団思考**がもたらした結果だと指摘し、次の理由を挙げました。

**①優れた頭脳と団結力を持ったメンバーが集まると、楽観論が生じやすい（不敗の幻想）**
**②団結力ゆえに、その場に漂う雰囲気を否定しにくい（満場一致の幻想）**
**③危険性が高くても大きな成果が出るという結論に達しやすい（リスキー・シフト現象）**
**④反対に大きな成果よりも確実性を求める結論に達する場合もある（コーシャス・シフト現象）**

オフィスの会議などで例えば「この商品を10万個売ろう」などと結論が決まりかけた時に「本当に売れるのか?」などと水をかける

人はいませんか？　周囲にとっては、チームワークを乱す厄介な存在ですが、こういう人こそ、集団思考に歯止めをかける貴重な存在とも言えます。

もしもケネディ政権にもこういった実力ある存在がいれば、あるいはピックス湾の侵攻も別の結果を迎えていたかもしれません。

## 集団思考による同調性の原理

人間は、たとえ信念と違うことでも、集団に合わせて意見や行動を無理に変えることがあります。これを**「同調」**と呼び、社会心理学者の**アッシュ**が実際に実験をしました。

まず、次頁の図を見せて、基本となる直線Aと、比較する直線1〜3が同じ長さかどうかを答えてもらいます。当然答えは、直線Aと同じ長さなのは直線2で、直線1と3は違うというもので、被験者が1人で答えた場合は99%の正解率が出ました。ところがこれを被験者1人にサクラ6人の計7人で行ない、サクラ全員が「Aと3は同じである」と嘘の答えを言うと、被験者は皆に合わせるべきか自分の判断を貫くかでジレンマに陥ってしまいます。そして、この状況に置かれた被験者123人のうち29人（24%）は自分の判断を守ったものの、残りの94人は実に、サクラと同じ答えを出したのです。つまり多数派にひきずられて同調行動をとったというわけです。また、同じ実験でもそれぞれが顔を合わせない状況や、サクラ6人のうち1人が別の答えを出した場合は、同調行動が少なくなりました。

このような同調行動は、お互い顔見知りのグループではさらに強くなることもわかりま

**用語解説**
**アッシュ**（1907〜1996年）…ポーランド生まれの社会心理学者。アメリカで、印象形成の研究や多数意見の影響力（同調実験）などの研究を行なっている。

## アッシュの同調性の実験

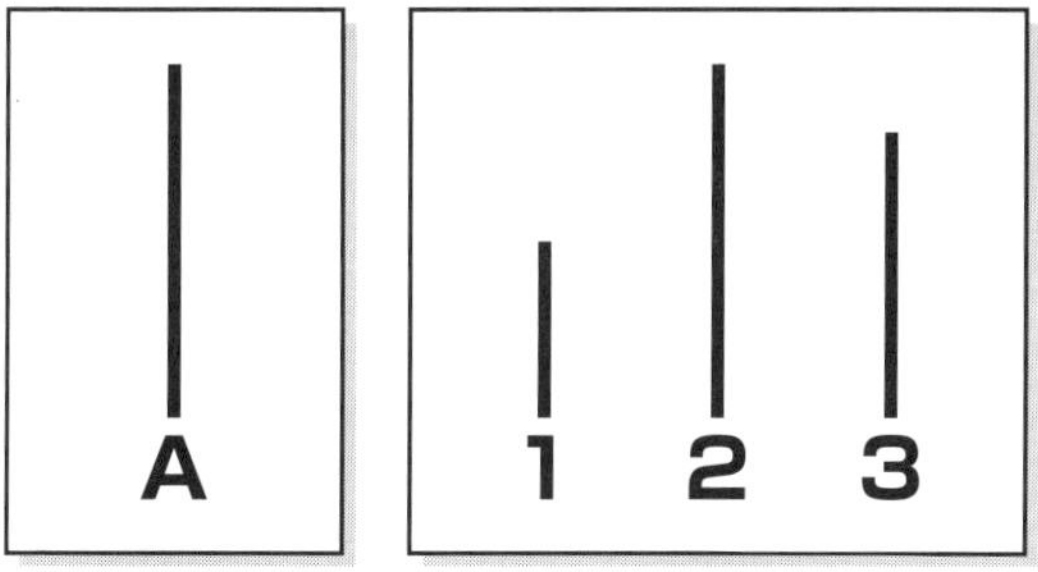


標準刺激　　比較刺激

**実験** 実験者側のサクラ6人にAの刺激図と1～3の刺激図の長さが同じかどうかを判断させる

①全員が「**A**と**1**の刺激図は違う」と答えが一致
②全員が「**A**と**2**の刺激図は同じ」と答えが一致
③サクラ6人が「**A**と**3**の刺激図は同じ」と答えると……

▼

被験者123人中、「**A**と**3**の刺激図は違う」と答えたのは29人しかいなかった

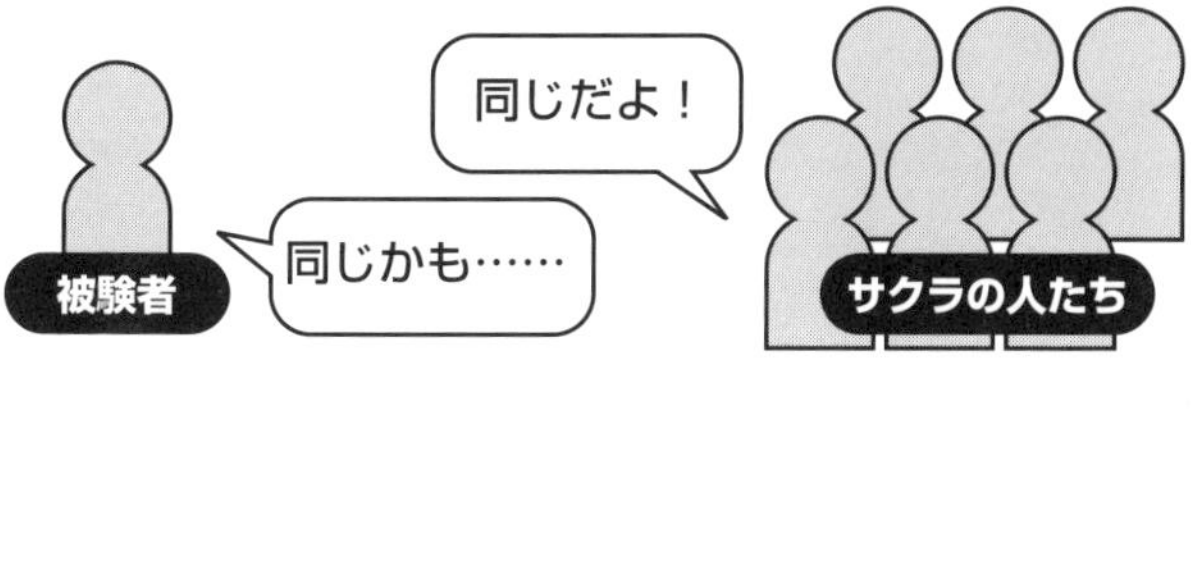

した。なぜなら人間は、自分の所属しているグループからのけ者にされることを恐れるため、多数派の意見に反対するにはかなりの勇気が必要になるからです。それを裏付けるように、知らない人たちばかりだったり、自分の意見を支持する人が一人でもいると、多数派に対抗できることも確認できました。

電車の中でサラリーマンを見ると、その服装や雰囲気からこの人は公務員だとか営業マンだとか何となくわかったりすることがありますが、これも自分の服装などを所属する職場の雰囲気に合わせようとする同調性の表れと言えるでしょう。

## 集団の人間関係を把握するには？

さて、一糸乱れぬチームワークには、それなりの問題があるとわかりました。

ですが、逆にグループ内の人間関係がギクシャクしたり、仕事に差し障るような派閥ができるのも困りものです。そういう時には**「ソシオメトリック・テスト」**をしてみると、集団内の人間関係をしっかり読み取ることができます。

「ソシオメトリック・テスト」とは、グループのメンバー全員に、その集団の中で自分がもっとも親しくしている人物一人の名前を挙げてもらい、それを元に次頁のような関係図（ソシオグラムのモデル図）を作るというものです。ソシオグラムを作ることでグループ内の人間関係が整理され、誰がグループの中心人物なのか、誰と誰が特に親しいか、また、誰が孤立しているのか、といったことが浮き彫りになるのです。

## ソシオグラムでわかる人間関係

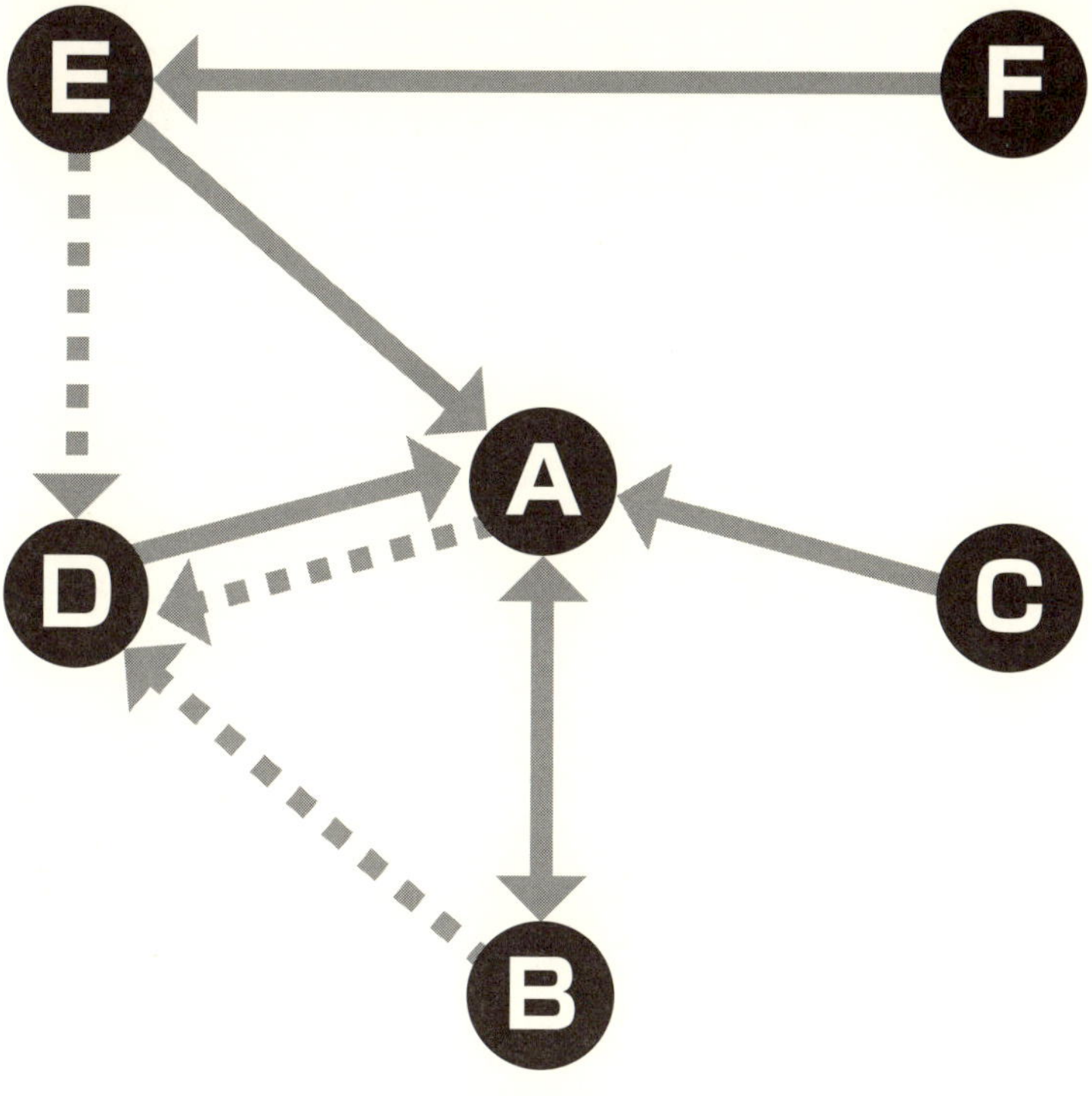


**ソシオグラムの例**

AからFはグループに属するメンバーで、実線の矢印は魅力（好意）を、破線の矢印は拒否（嫌悪）の方向を表す。Aは人気のあるグループの中心人物で、AとBはお互いに好意を持っている。一方、Dはメンバーから拒否されており、CとFはグループ内で孤立していることがわかる

# 「群集」になると人はどんな行動をとるか？

## パニックや暴動を起こす群集心理

2000年9月11日、アメリカでイスラム過激派による同時多発テロが起こりました。特に被害の大きかったニューヨークの世界貿易センタービルでは、5500人を超す何の罪もない被害者が出た悲惨な事件で、被害者の方々には、ただただご冥福を祈るしかありません。ですが、テロの危機が叫ばれる中、こういった惨事は、他人事とは言えなくなってきました。

では、もし自分がこういった状況に巻き込まれたらどうでしょう？ そして、その時、周囲にいる人々は？ 突然の轟音、崩れ落ちるビルの破片……その場にいる人は誰もがパニックに陥り、我れ先へと逃げようとするでしょう。この場合、たとえ多くの人々が自分の周囲にいたとしても「集団」としての機能を果たすことはできません。そこにいたのが仮に訓練された軍隊であれば、集団として冷静な判断がなされていたかもしれませんが、個人個人が集まった状態だけでは、決して集団にはなれないのです。

こういった、一時的にたまたま同じ場所に居合わせる人々のことを、心理学では**「群集」**と読んで「集団」とは区別しています。そして思えば私たち人間は、集団と呼べる集まりにいることよりも、群集の中に身を置いていることが多いものです。

さて、前述したような大規模な災害が起こった場合、人はパニックを起こしやすくなる恐れがあります。これらは**「群集心理」**に起因するもので、以下のような説が挙げられています。

**①暗示・模倣説**

他人が怖がっているのを見て、自分も恐怖を感じることがあります。そしてこれは、群集の中ではより強く働くのです。周りの人が大声でわめき、逃げ出す様子を見て、自分の逃走反応も強くなるという説です。

**②感染説**

あたかも伝染病が流行るように、興奮や恐怖の感情が次から次へと波及していく説です。

Aという人間の反応がBを刺激し、Bの反応がさらにAにはね返ってより刺激され、それがCに影響を与え……というように、どんどん刺激が強められ、やがては個人の判断も奪ってしまうのです。

例えば、暗い場所で肝試しをやっている最中、先頭の人が「わっ！」と叫んで逃げ出したら、その場にいる人全員が叫びながら逃げ出す状況を思い浮かべれば、①と②の心理は理解できるでしょうか？　こうした群集心理は人間の理性を失いやすくして危険なものですが、群集心理に駆られてみんなと同じ方向へ逃げて助かった、という例もあるようです。

さて、群集心理には、他にもいくつかの起因があると考えられています。例えば暴動やリンチ事件。これは、それに加わった人々を個人個人で見てみると、凶暴だったり残忍だったりという要素のない、ごく普通の人であったりします。ところが群集となると、普段では考えられないような行動を起こしてしまうのです。では、以下に③～⑤として、暴動などで起きる群集心理を紹介しましょう。

講談社漫画文庫
永井豪著
『デビルマン』

←自分の隣にいる人は悪魔かもしれない！　そんな疑心暗鬼にとらわれ、暴徒と化した群集。中世の魔女狩りを起こしたような群集心理は、いつだって起こりうる！　そんな人間の心の中の闇を見事に描ききった作品として、今も高い評価を得ている。



### ③欲求不満説

社会生活でのさまざまな欲求不満が積み重なった人々が、暴動やリンチなどの群集行動を通して不満を解消しているという説。

### ④普遍感

見知らぬ人同士の集まりの中では、一人一人の責任感が薄れ、道徳に反する行動を起こしてしまいます。自分だけではなく他人も同じように感じるという安心感が、たとえ間違った行動でも正しいものだと信じさせるのです。いわゆる「みんなでやれば怖くない」という感覚がこれに当たります。

### ⑤数の圧力

人間は元来、知らず知らずのうちに多数に従うという傾向があります。多数意見に同調して安心感を得る心理がこれです。

群集の中では、状況をともにする人たちと

の間に、それまでにはなかった共通の基準が生まれ、価値観や判断が、その基準に従ってなされやすくなります。そしてこの共通基準は、個人の場合よりも極端に偏りやすいとも言われています。

## 「誰かがやるだろう」の他人まかせな心理

路上で殺傷事件や急病人が出た時、あなたならどうしますか？　被害者の悲鳴や救助を求める声を聞いても誰も警察や消防に通報しなかったというニュースを耳にすることがありますが、このように困っている人を進んで助けない心理も群集心理の1つで、実験でも確かめられているのです。

この実験は、アメリカの社会心理学者**ラタネ**と**ダーリー**によって行なわれたもので、討論中の大学生が被験者となりました。討論の最中にサクラにてんかん発作の演技をしてもらい、それを見た討論の相手が実験者に知らせにくるかを記録したのです。ちなみに討論の相手には事前に、サクラ自らがてんかん発作を起こしやすいことを告白してもらっています。すると、発作を起こしたサクラと被験者が2人だけの場合は3分以内に全員が報告に来ました。ところが仲間が4人いる時は3分以内の報告が60％にまで落ちたのです（ただしサクラと友人だったり面識がある場合は全員が報告）。

これにより、自分以外の人が多い時ほど責任感が分散し、他人に起こった異変を知らせる人が少なくなることが判明しました。路上で事件が起きても誰も通報しないことがある、という先の事例もこの心理によるもので、

「誰かが大変な目にあっている」と思っても、自分と同じ立場の人がいれば、自分が報告しなくても誰かがするだろうと思ってしまうからと考えられます。

## 人だかりはどのようにできるか？

街を歩いていて人だかりができていたら、大抵の人は足を止めて顔を突っ込んだり、人をかきわけてその人だかりに加わり、何をしているか確認しようとするでしょう。

ここに人間がこうした人だかりを作ってしまう心理を検証した、社会心理学者**ミルグラム**（P170参照）によるおもしろい実験がありますので、紹介しましょう。

ミルグラムは、ニューヨークの街の真ん中で、サクラに何の変哲もないビルを見上げさせ、そのそばを通る人々を観察しました。すると、2～3人の人がビルを見上げていると通行人の6割が立ち止まって一緒にビルを見上げるという結果が出て、さらに5人以上の人だかりがあると、通行人の実に8割が立ち止まり、大きな人だかりになったといいます。

これは、数の圧力と普遍感が群集心理をもたらしたもので、「他の人が知ってるのに自分だけが知らない」という不安感が行動の原動力となります。

街頭販売やお祭りの露店でも、際立って人だかりができている場合がありますが、これも最初は少人数だったものが、人が人を呼んでいつの間にか数が増え、やがて人だかりになっている例と言えるでしょう。露天商がお客集めにサクラを使うという理由も、なるほど納得できる話です。

## ラタネとダーリーの援助行動の実験

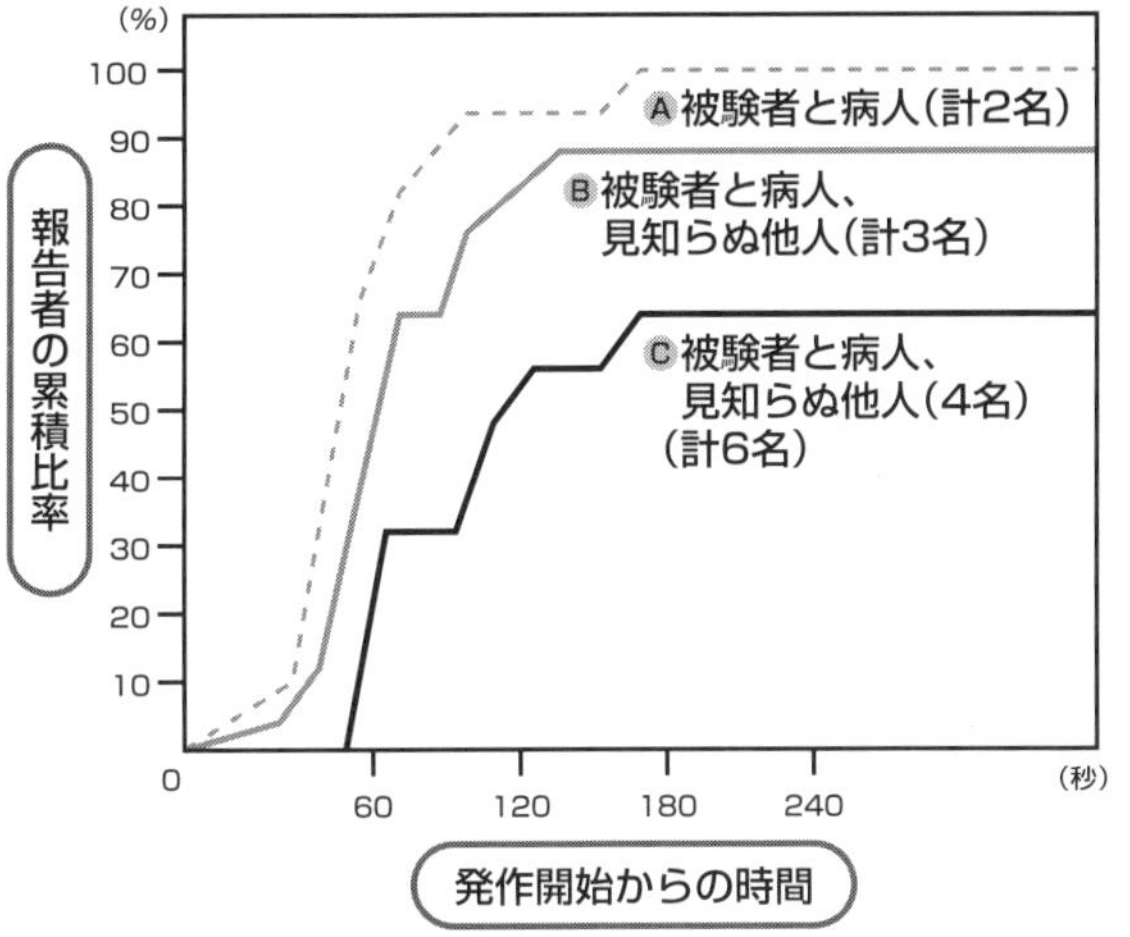


**発作中に報告した者**

Ⓐ被験者と病人の計2名………………………100%

Ⓑ被験者、病人、他人（1名）の計3名……… 62%

Ⓒ被験者、病人、他人（3名）の計6名……… 31%

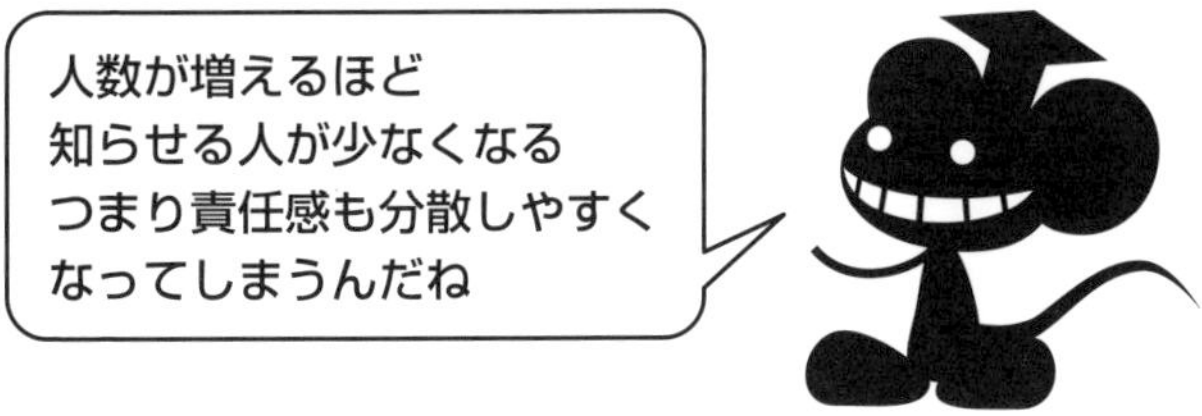

# リーダーシップはどのように身に付け生かすか？

## ＰＭ理論でわかるリーダーシップ

「あの人はリーダーとしての資質がある」とか「私にはリーダーシップがない」などの言葉を聞くことがあります。確かに、持って生まれた資質というものがあるのかもしれませんが、実はリーダーシップは、自分の役割や立場、環境によって作られることもあるのです。例えば、小学生を対象にしたこのような研究があります。

クラス委員を決める時、担任が無作為にある児童を委員に指名しました。そして、1学期が過ぎたところで「クラスの中で一緒に勉強したいと思う人の名前を書きなさい」というソシオメトリック・テスト（P176参照）をしたところ、クラス委員となった児童の名前が多く書かれたのです。つまり、それまでリーダーシップとは無縁だった児童でも、リーダーの役割を担わされることで、リーダーらしい行動がとれるようになり、クラス内での地位が上がった、というわけです。

もちろんリーダーになっても、リーダーらしい行動を何1つもしなければリーダーシップを身に付けることはできません。人間は、自分がリーダーであると意識して行動することで、自然とリーダーシップを身に付けられるのです。子供に限らず、大人でも社長に就任した人は社長らしく、管理職になった人は管理職らしくなるのも、やはり意識とそれに伴う行動によるものでしょう。

それでは、リーダーシップとは、具体的にどのようなものでしょうか？　社会心理学者の**三隅二不二**《みすみじふじ》用語解説氏は、リーダーシップを**「目的達成機能（Performance function）」**と**「集団維持機能（Maintenance function）」**という2つの機能から捕らえました。これを、それぞれの頭文字から**「PM理論」**と呼びます。

まず**P機能**は、集団の目標達成のための計画を立てたり、メンバーに指示や命令を与えるリーダーの行動を指します。一方、**M機能**はメンバーそれぞれの立場を理解して集団に有効的に雰囲気を作ったり、結束力の維持や強化に努めるリーダーの行動を指します。そして、リーダーがこれらの要素を強く持っている場合はＰ、Ｍ、少ない場合をｐ、ｍとします。すると、186ページのような4つの類型に分けることができるのです。一般に集団の生産性やメンバーの満足度は、ＰとＭを兼ね備えたＰＭ型リーダーの下で最大となり、ＰとＭ要素のどちらも弱いｐｍ型リーダーの下では最低になることがわかっています。

とはいえＰＭ型リーダーなどというのは理想形で、人間なら普通、ＰとＭのどちらかがおろそかになるのが当然といえば当然のこと。

そこで、有能なリーダーシップをとるには、状況に合わせてＰとＭと使い分けることが重要と考えられます。例えばプロジェクトの立ち上げや深刻な事態に直面している時は仕事中心のＰ、軌道に乗り始めたら人間関係に配

**用語解説**　**三隅二不二**（1924〜2002年）…元九州大学教授。集団力学、社会心理学、組織行動等を統合し、集団及び組織における人間の社会的行動を研究。リーダーシップの類型化を行なったPM理論を発表した。

## 望ましい上司のリーダーシップと部下の態度

あなたは、どんなリーダーシップを持った上司になりたいですか？　最も望ましいと思うタイプを下の図から選んで下さい

P…目標達成機能（Performance function）

M…集団維持機能（Maintenance function）

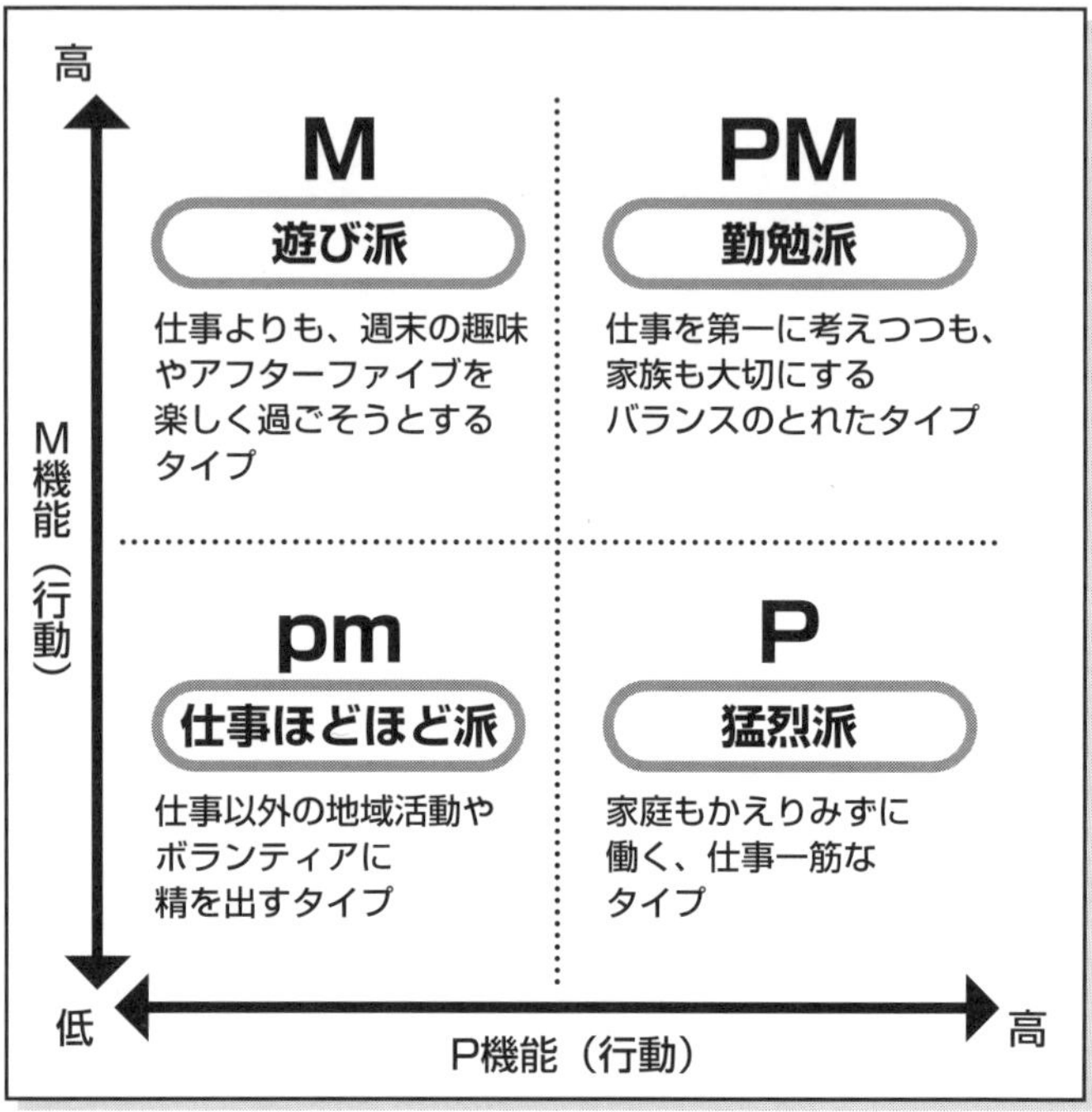
高
M
遊び派
仕事よりも、週末の趣味やアフターファイブを楽しく過ごそうとするタイプ
PM
勤勉派
仕事を第一に考えつつも、家族も大切にするバランスのとれたタイプ
M機能（行動）
pm
仕事ほどほど派
仕事以外の地域活動やボランティアに精を出すタイプ
P
猛烈派
家庭もかえりみずに働く、仕事一筋なタイプ
低
高
P機能（行動）

集団の生産性や部下の満足度は
PM型リーダーのもとで最大、
pm型リーダーのもとで最低となる

●『手にとるように心理学がわかる本』渋谷昌三（かんき出版）より

慮するM、完全に軌道に乗ったら業績を伸ばすため再びPへ……というように、臨機応変な対応をできることこそが、人間であるがゆえに不完全なリーダーに求められるものと言えるのではないでしょうか。

## 自分のリーダーシップ類型を調べる

それではここで、自分がリーダーとなった時、どのようなリーダーシップをとるタイプになるのか、ＰＭ理論にのっとって調べてみましょう。

まず、次の①〜④までで、自分が最も望ましいと思う上司を1つ選んで下さい。

❶仕事の内容を中心に考え、適切な計画を立てることができる。目標達成に向かって部下に適切な指示を与え、時に励まし、自分も率先して手本を見せる。集団の人間関係にはあまりこだわらない上司。

❷部下に配慮を示すなど人間関係を中心に考える。チームワークで業務がスムースに運ぶことを重視し、結果にはあまりこだわらない上司。

❸業績にこだわり自ら率先して行動する側面と併せ、人間関係にも常に配慮を示そうとしてバランスをとる上司。

❹仕事にも人間関係にも必要以上の態度や発言をせず、基本的に部下の自由な判断と行動に任せようとする上司。

どうでしょう、選択できましたか？　では、三隅氏の研究による回答を、次に記しましょう。選んだ①〜④の丸数字と同じ数字が、自分自身のタイプとなります。

**①Ｐ型タイプ**――仕事一筋タイプ。出世欲や

金銭欲、名誉欲が強い「猛烈派」

**②M型タイプ**――レジャー志向の強いタイプ。仕事よりも家族や仲間、趣味などを大事にする「遊び派」

**③PM型タイプ**――仕事を第一に考えつつも、家族や仲間も大事にするタイプ。バランスのとれた「勤勉派」

**④pm型タイプ**――賃金を得るという行為の代償である仕事よりも、社会活動に生きがいを見出すタイプ。地域の行事やボランティアに精を出す「仕事ほどほど派」

もちろん、この結果がすべてで、必ずしも確実というわけではありません。ですが、人間はこうありたいという姿を選ぶ傾向があるため「自分にはこういう要素もある」ということを肝に命じ、リーダーシップを取るのが良いでしょう。

## 会議をリードする座り方って?

会議や話し合いの際に、特に席順が決まっていなければ、あなたはどうしますか? 参加者は当然思い思いの席につくことでしょう。ですが、実は席のつき方には、参加者の気持ちが反映されていることが多いのです。

例えば次頁の図のようなテーブルにつく際、あなたなら①~⑤(②③④は対面も同じものと考えます)のどの席につきますか? こういった配列の場合、①、③、⑤はリーダーの席と言われ、会議のリーダーシップを取りたい人は、自ら進んでこの席を選びます。一方、その会議のリーダーが決まっている場合、その他の参加者はこの席に座るのを避ける傾向にあります。

## 席の選び方に心が表れる

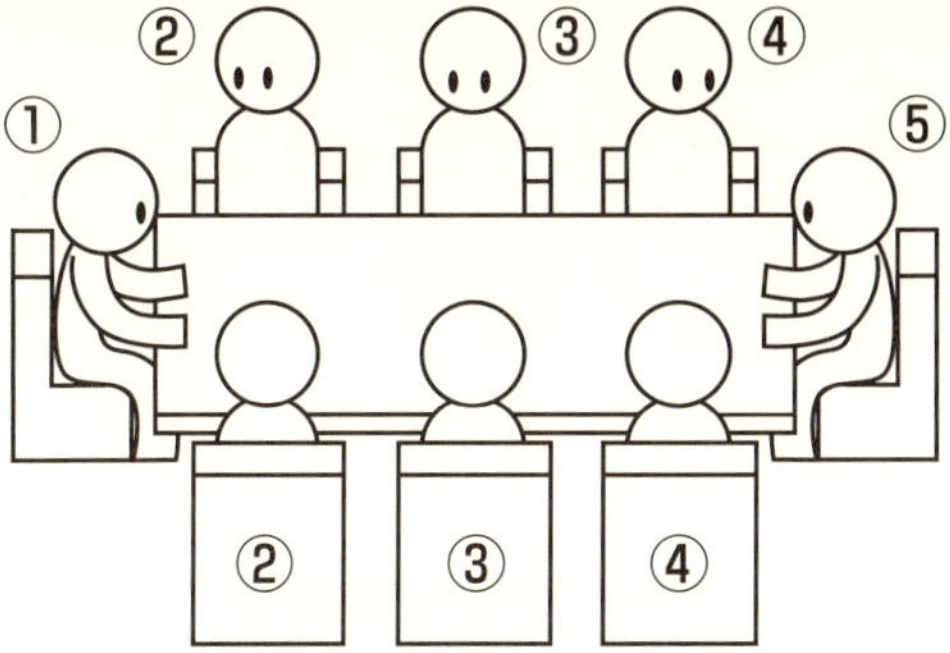


①⑤に座る人は話題を引っ張って進行していくタイプ
③に座る人は全体の調和を重視しつつまとめるタイプ
②④に座る人は非積極的なタイプ



また同じリーダーの席でも、課題の解決を目指して討論をどんどん引っ張っていくタイプの精力的リーダーは①と⑤の席を好み、参加者との対話を重視するタイプのリーダーは、③の席を好む傾向にあります。さらに会議に積極的に参加したくないと思っている人は、②や④のような目立たない席を選ぶようです。

ちなみに、公式の重要な会議では、①か⑤の席にリーダーが座り、③の席にサブリーダーや腹心を置くと、議事がスムースに進行するようです。逆にブレーンストーミングやディスカッションのような全員参加型の会議の場では、①や⑤より③の席にリーダーが座ったほうが、活発な意見の交換が見られると言われています。

# ちょっとティータイム♪

## ◆手軽に心を癒す方法③ ペット◆

135ページのペットセラピーで紹介したように、動物には寂しさを間紛らわすだけでなく、なでることでその感触のよさや心地よい温もりが心が和らげ、体調さえも左右することがわかってきています。心の疲労を感じたら、家で飼っている猫や犬とゆっくり触れ合うといいでしょう。残念ながらペットを飼っていない場合も、現在はいろいろな場所で動物たちと触れ合うことができます。

動物と直接触れ合えるスポットをいくつかご紹介しましょう。休日におでかけしてみてはいかがでしょう？

### 全国の動物とふれあえる場所

☆いぬたま＆ねこたま／東京都世田谷区／（問）TEL 03-3708-8511
☆マザー牧場／千葉県富津市／（問）TEL 0439-37-3211
☆那須動物王国／栃木県那須町／（問）TEL 0287-77-1110
☆伊豆シャボテン公園／静岡県伊東市／（問）TEL 0557-51-1111
☆阿蘇ファームランド／熊本県阿蘇郡／（問）TEL 0967-67-0001
☆富士スバルランド・Doggy Park／山梨県南都留郡／（問）TEL 0555-72-2239
☆ワールド牧場／大阪府南河内郡／（問）TEL 0721-93-6655
☆長崎バイオパーク／長崎県西彼杵郡／（問）TEL 0959-27-1090

# 第5章

# 混迷の現代社会を生きぬくために

【心理学で探る「人間社会」】

# ストーカーは何故ストーキングをするのか？

## 妄想性認知から始まる行動

「ストーカー」もしくは「ストーキング」――ひと頃マスコミを大きく賑わせたこの言葉を、知らない人はほとんどいないでしょう。ある特定の人物に固執し、どんなに拒否されてもしつこく付き纏《まと》ったり、電話をかけまくったり、手紙やメールを大量に送りつけたり……といった、犯罪につながるような行動をストーキングと呼び、ストーキング行為を行なう人をストーカーと呼ぶのは、もう周知の事実です。余談ですが、ストーカーという言葉の発祥地はアメリカで、FBIによるその定義付けは「特別な基準で犠牲者を選び出し、こっそり付け狙う捕食者」となっています。

さて、ストーカーと一口に言っても、その対象となる相手のタイプはさまざまで、上智大学教授の**福島章**《用語解説》氏は、ストーカーを以下の5タイプに分類しました。

**①イノセントタイプ**…あまり面識のない相手に対し、自分に都合のよい妄想を膨らませる。

**②挫折愛タイプ**…恋愛関係や友情が壊れたり、愛情が受け入れられなかった時に起きる。

**③破婚タイプ**…結婚生活や内縁の関係が解消された時、その破局を受け入れられずストーカーになる。

**用語解説**

**福島章**（1936～）…上智大学名誉教授。病跡学の権威として知られる他、精神鑑定医として多くの事例を手がけている。著書は『殺人という病』『ブッシュ・アメリカの精神分析』など。

**④スター・ストーカー**…テレビや雑誌などメディアを通し、有名人に対して妄想を膨らませ、関係を迫る。

**⑤エグゼクティブ・ストーカー**…憧れの上司や先生などに対し恋愛感情を膨らませる。被害者を事実無根のセクハラで告発することも。

これら5つのタイプのうち、もっとも危険なのは②と③です。なぜなら、かつての恋人や配偶者がストーカーになった場合、もともと親しい間柄だったため、被害者も事を穏便に済ませようとするからです。こういう被害者の態度をストーカーは、「やっぱり向こうも未練がある」とか「自分のことをわかってくれている」と勝手に解釈し、よりエスカレートした行動に出てしまうというわけです。

最近では、1999年に日本中を驚愕させた**「桶川ストーカー殺人事件」**《用語解説》の被害者と加害者が、やはり恋人同士の関係でした。先のタイプ別で言えば②に当たります。相手に不信感を募らせた被害者の女子大生が「交際をやめたい」と申し出た結果が最悪の事態へつながったことは、皆さんご承知の通りです。

**ストーカーの定義**

特別な基準で犠牲者を選び出し、付け狙う

**用語解説** **桶川ストーカー殺人事件**…1999年10月26日、埼玉県JR桶川駅近くで女子大生猪野詩織さん(当時21歳)が刺殺された事件。犯人は当時彼女と交際のあった小松和人(当時26歳)に指示された兄や仲間だった。

## 妄想性認知がストーキングの引き金

さて、前述の「桶川ストーカー殺人事件」をきっかけに、2000年11月、**ストーカー規制法**が施行され、ストーカーに対する処罰も厳しくなりました。しかし、だからといってストーキング行為がなくなったわけではありません。そもそも人は、なぜストーカーとなるのでしょう？

人は誰でも好きな人ができれば、相手に自分を理解してもらいたいと考えます。さらに「相手をいつでも独占していたい」「自分と一緒にいない時でも何をしているのか知りたい」「いつも相手の姿を見ていたい」などとも思うもので、これは経験のある人なら誰でもわかる感情でしょう。ここで「おや？」と思った人もいるかもしれません。「これじゃ、ストーカーと一緒？」と。そう、恋愛はもともと、ストーキングの要素があるのです。だからといって、誰でもストーカーになるわけではありません。恋愛感情とストーキングの決定的な違いは、「相手が嫌がっていることがわかるか、わからないか」が理性で判断できるかどうかという点なのです。

人は小学校の高学年頃から、自分だけでなく他人の立場も考え、両面から物事を判断する**「相対的関係性の認知」**ができるようになってきます。自分以外の人への思いやりや気遣いが深まり、相手の心情を推し量ることができるようになるのです。つまり、たとえ自分が好きでも、相手の態度や顔つきで「ひょっとしたらこの人は自分のことを嫌いなのでは？」といった推測が可能となるわけです。

**用語解説**

**ストーカー規制法**…桶川ストーカー殺人事件をきっかけに、2000年11月から施行された法律。付き纏いや待ち伏せ、監視等に代表される「付き纏う等」と、それを繰り返す「ストーカー行為」に対し罰則を設けている。

## 「妄想性認知」の状態では相手の都合を考えられない

彼女が嫌がっている
ことを察知すること
ができる彼
まったく気づかずに
話し続ける彼

が、ストーカーとなる人は自分の願望だけが先走り、一方的に恋愛感情が膨らんでしまいます。「相手が嫌がっている」事実を受け入れられないため、自分の気持ちや行動を抑えようとは夢にも思わないのです。こういった状態を**「妄想性認知」**と呼びますが、そこで生まれた恋愛感情は自分の妄想の世界のことですから、当然現実とは呼べません。そこで、妄想と現実の隙間を埋めるため、付き纏《まと》ったり電話をしたりといったストーキング行為に走ります。そして、相手が心底嫌がっている事実さえ「あの人は自分の愛情を確かめるために、わざと冷たく振舞っているんだ」「自分がこんなに思っているんだから、向こうも同じように思ってくれて当然だ」などという、自分の妄想に都合のいい解釈へと変えてしまうのです。

## ストーカーになりやすいのはどんな人？

ではいったい、どんな人が「妄想性認知」からストーカーになってしまうのでしょうか？　ストーカー問題について、深く追究を行なっていたジャーナリストの故・**岩下久美子**さんによると、ストーカーになりやすい人とは「虐待と過保護という相反する接し方を親からされてきた人たち」だと言います。

心のあり方を強くコントロールされ続け、そのまま大人になってしまった彼らの愛情欲求は、3～4歳児レベルで留まっており、親の無償の愛をひたすら求める幼児のように、相手への思いを募らせ、自分の気持ちを一方的に押し付けるという特異な行動をとらせるのでしょう。

実は、先に紹介した「桶川ストーカー殺人事件」の加害者である男性も、被害者に突き放されて興奮した際に、「俺は親に捨てられたんだ」と話したことが明らかにされています。「相対的関係性の認知」ができるか、「妄想性認知」の世界に囚われてしまうかが、親との関わり方に深く関連しているとすれば、子を産み育てていく我々人間としてもストーカー問題は、決して他人事にできない事実と言えるでしょう。

ちなみに、脳の奥にある攻撃中枢と性中枢はとても近い位置に存在し、しかも互いに影響を与えあっているため、ストーカーにならない、あるいは大事な我が子をストーカーにさせない対策として、なにより正しい性教育が早期にのぞまれる、という意見もあるようです。

**用語解説**　**岩下久美子**（1960～2001年）…現代社会特有の"コミュニケーション不全"の人間関係をテーマに執筆活動を続けたジャーナリスト。著書は『おひとりさま』『人はなぜストーカーになるの』など、多数。

## タイプ別　ストーカーの行動特徴

### イノセントタイプ

ほとんど面識のない被害者に対し、
自分の都合のいいように
妄想を膨らませる

### 挫折愛タイプ

恋愛関係や友人関係が
壊れた時に起きる

### 破婚タイプ

結婚生活を解消した
時に起きる

### スター・ストーカー

テレビなどを通して
有名人に対して妄想を膨らませる

### エクゼクティブ・ストーカー

憧れの上司、先生などに
対して妄想を膨らませる

# **心の病が引き起こす拒食症・過食症**

## 願望や成熟への否定から摂食障害へ

スラリとスレンダーな美しいボディになりたい――そう願い、日夜ダイエットに励んでいる、もしくはダイエットに挑戦したことのある女性は少なくないでしょう。テレビや雑誌に登場する女優やモデルのスタイルに憧れるのは、女性なら当然の心境です。ですが、「細くなりたい」という思いから始めたダイエットが、やがては命まで脅かすまでになってしまう……。それが摂食障害――いわゆる**拒食症・過食症**と呼ばれるものです。

拒食症は正式には**「神経性無食欲症」**と言い、痩せたい願望をきっかけに食事制限することから始まります。ですが、次第に食欲のコントロールがきかなくなり、やがては食事を一切受け付けず、生命維持さえも難しくなってしまう症状です。

一方過食症は**「神経性大食症」**とも呼ばれるもので、太ることを病的なまでに恐れているにも関わらず、食欲を抑えきれずに限界まで食べ続けることで知られています。そして、食べてから自己嫌悪に陥り、喉に指を入れて無理やり吐いたり、下剤を乱用しては、またドカ食いをするということを繰り返してしまうのです。

## 拒食症と過食症に潜む危険

### 拒食症

やせたい！　という強い願望。ダイエットなどの食事制限をきっかけに起こることが多い

### 過食症

太ることを恐れているのに食欲を押さえきれず、ドカ食いを繰り返してしまう

拒食症・過食症とも、特に30歳以下の女性に多く見られるもので、痩せたいという強い願望が引き起こす、れっきとした心の病です。とはいえ、ダイエットが必ずしも摂食障害につながるわけではありません。ではなぜ、摂食障害に陥る人と陥らない人に分れるのでしょうか？

拒食症や過食症に陥るのは、真面目で几帳面ないわゆる「良い子」タイプや、他人の評価を気にして完璧を目指す優等生タイプに多いと言われています。また、親子関係——特に母親との関係が原因になるとも考えられています。この場合、幼い頃の自分の発する信号に母親が気づかなかったり、上手な受け答えができなかったりという母子関係が続くことで、母親に無条件に甘えられなくなるのが発端です。そして、やがては自分の母親に強い否定感を持つようになり、母親のようになりたくないという気持ちが、肉体的に成熟して大人になることを拒み、摂食障害に走らせるというのです。

また「ダイエットすること＝自分をコントロールできる＝人間として価値がある」という考えに捉われて、拒食症・過食症に陥ってしまうケースもあります。いずれにしろ、摂食障害になっている人は、自分では気づかないことが多いようです。もし、自分や周囲の誰かに「ひょっとしたら摂食障害？」と思い当たることがあるなら、203ページのチェック・ポイントで確認してみてください。そして、ぜひ、次のことを肝に命じてみましょう。

**●自分を責めない**——この世に生を受けたというだけで、あなたは価値ある人間ですから。

**●自分のことを誰かに話す**——一人で思い詰

## 摂食障害に陥りやすいタイプ

あなたは
いい子
だから
83
92
優等生だから
真面目で他人の評価を気にしすぎる優等生タイプに多い

めないで、誰か信頼できる人に話して。もし周囲にそういう人がいないなら、心療内科や思春期外来の医師に相談するのも一案です。

●**心配しすぎないで**——適正な食生活さえできるようになれば、少しずつ良くなるので安心して。

ダイエットは、開始して間もなくは成果が現れやすく、嬉しさもひとしおですが、ある程度体重が落ちると、思った通りに痩せなくなるものです。でもこれは、極端なダイエットに対する、身体の当然な防御反応なのです。心は「痩せたい」と願っていても、身体は生命維持のために必要な対策をとっているのです。焦りからドカ食いしたり、吐き戻してしまっても自己嫌悪に陥らず、身体の「生きていたい」という無言の声と、きちんと向き合ってみることも大切です。

## 拒食症で命を落とした悲劇の有名人――カレン・カーペンター

70年代半ばに洋楽のヒットチャートを独占した**カーペンターズ**のボーカル、**カレン・カーペンター**。彼女は1983年2月、拒食症による心臓麻痺で、わずか32年の命を閉じました。カレンが拒食症と診断されたのは1979年のことで、その時の体重は、163cmの身長でわずか36kgだったと言います。

摂食障害に陥る原因として母親との関係が要因になると前述しましたが、カレンもまさにその通りでした。彼女はいつも母親の顔色を伺っていて、有名になってからも母親の望み通り一緒に暮らしていたと言います。

また、カーペンター家では兄のリチャードが生活の中心で、母親の手をわずらわせてはいけない、甘えてはいけないというストレスが、カレンを拒食症にしてしまった原因とも考えられています。

カレンが亡くなった年に、女優の**ジェーン・フォンダ**も大学在学中から過食症に苦しんでいたことを告白しています。そして、彼女たちのことがきっかけとなり、摂食障害が一般に広く知られるようになりました。

米の人気ボーカル「カーペンターズ」

妹のカレンさん急死

心臓発作

【ニューヨーク四日細野特派員】米ポピュラー音楽界の一兄妹コンビ「カーペンターズ」の妹のカレン・カーペンターさんが四日午前、ロサンゼルス近郊の両親の家で心臓発作のため死亡、三十二歳。

カレンさんは兄のリチャードさん(三六)とともに「カーペンターズ」を結成して六九年にデビュー、それいらい数々のヒット曲を生み出し米ボーカル界で七〇年代最高のアイドル・スターとなった。「カーペンターズ」はリチャードさんがキーボード、カレンさんがリードボーカルとドラムを担当、美しいハーモニーと

亡くなったカレン・カーペンターさん(左)と兄のリチャードさん＝1972年のグラミー賞授賞式で(UPI)

繊細な音づくりで知られた。大ヒットした曲目には「ロス・トゥー・ユー」「愛のプレリュード」「イエスタイ・ワンス・モア」「トッ・オブ・ザ・ワールド」ながある。米音楽界のアカデー賞といわれるグラミー賞を三回受賞、八枚のLPアルム五十万枚以上を売り上げ、シングル盤十枚がミリオンラー。

カレンさんは神経性食欲退症の治療を受けていたが、心臓の持病はなかったという。カレンさんは八〇年月、不動産業者と結婚したが、昨年離婚。ロサンゼルスのアパートで一人暮らししていたが、三日夜から両親の家を訪れていた。「カーペンターズ」は一昨年「メイド・ン・アメリカ」を発表したのが最後で、今月中に新しいアルバムの制作に入るところだった。

↑日本の多くのファンにも衝撃を与えたカレン・カーペンターさんの死亡を伝える新聞記事(1983年2月4日毎日新聞)

**用語解説**

**カーペンターズ**…リチャード・カーペンターとカレン・カーペンターの兄妹ユニット。69年「涙の乗車券」でデビュー。その後「トップ・オブ・ザ・ワールド」「イエスタデイ・ワンス・モア」などのヒット曲を残している。

## 摂食障害のチェックポイント

2つの表を読んで、自分に当てはまる項目をチェックしよう！

### 拒食症（神経性無食欲症）

| | |
|---|---|
| ①自分の健康を保つための正常な体重を維持することが嫌だ | □ |
| ②平均体重より明らかに軽いのに、体重増加に対して強い恐怖感がある | □ |
| ③体型にはとことんこだわるが、ダイエットから来る貧血や体調不良などの異変は無視する | □ |
| ④（女性の場合）生理がない | □ |

### 過食症（神経性大食症）

| | |
|---|---|
| ①必要以上のドカ食いを繰り返し、それをコントロールできない | □ |
| ②体重増加を防ぐため、喉に指を突っ込んで吐いたり、下剤を使用する代償行動を行なっている | □ |
| ③ドカ食いと代償行動（無理やり吐いたり、下剤を使ったりする行動）を、いずれも３カ月以上週２回ずつは繰り返している | □ |
| ④少しでも太ると、自分がダメな人間になったような気がする | □ |



**用語解説** ジェーン・フォンダ…女優。父は名優ヘンリー・フォンダ。弟は俳優で監督のピーター・フォンダ。60年「のっぽ物語」で映画デビュー。71年「コールガール」と78年「帰郷」でアカデミー賞主演女優賞を2度受賞。

# ドメスティック・バイオレンスは何故起きるのか？

## DVにおける被害者と加害者の心理

夫婦間や恋人間における（主に男性が加害者で女性が被害者となる）一方的な暴力を、**ドメスティック・バイオレンス（DV）**と呼びます。一口に「暴力」と言っても、それは殴る・蹴るなどの身体的暴力だけではなく、以下に紹介するようにさまざまな虐待方法があります。

**①殴る・蹴る・火傷させるなどの「身体的暴力」**

**②性行為を強要したり、中絶を強要するなどの「性的暴力」**

**③馬鹿にしたり、殴る素振りで脅かすなどの「心理的暴力」**

**④延々と怒鳴り続けたり、相手を貶めるような発言をする「言葉の暴力」**

**⑤生活費を入れなかったり、使い込んだり、身体的・金銭的に外出させないようにする「経済的暴力」**

このようなDVは、欧米社会を先駆けに、世界中で問題となっています。もちろん日本でも2001年に**DV防止法**[用語解説]が施行され、保護施設や相談窓口なども設けられていますが、欧米社会ほど表面化していないのが実情です。

[用語解説]**1992年に行なわれた実態調査**で日本女

**用語解説**

**DV防止法**…2002年4月から全面施行された「配偶者からの暴力の防止及び被害者の保護に関する法律」。被害者は、配偶者に対し接近禁止や住居からの退去命令を地方裁判所に申し立てることができる。

## 身体的暴力に限らずさまざまな虐待が繰り返されるDV

性的暴力
←性行為を強要する
身体的暴力
↑殴る蹴るなど
言葉の暴力
→怒鳴ったり、
相手を罵る
この他にも、心理的暴力や経済
的暴力などがある

性の約8割が身体的、心理的、性的暴力のいずれかを受けたことがあり、3つとも全部受けたとする人が約5割もあったという事実にも関わらずです。

そもそもDVは、その言葉こそなかったものの、日本には古くからある問題です。が、それが今まで問題として取り上げられなかったのは、夫の妻への暴力は「単なる家庭内の問題」で民事不介入——つまり、警察が取り沙汰するような犯罪ではないとされてきたからです。また被害者側の意識として、我慢すること、黙っていることを美徳とする日本の昔からの風潮も原因の1つと言えるでしょう。

1999年、カナダの日本大使館総領事が妻を殴って地元警察に逮捕された際、「日本では古来から夫は妻を殴っても構わないものだ。これは文化の違いだ」と主張したそうです。

**用語解説**

**1992年に行なわれた実態調査**…「夫（恋人）からの暴力」調査研究会による日本で最初に行なわれたDVの実態調査。調査方法は、アンケート用紙を広く配布し、その結果を集計していった。

## ドメスティック・バイオレンスの被害者の多くは専業主婦

ＤＶの加害者は、アルコール依存や薬物中毒、貧困などの状況にあることが多いと思われがちですが、実際にはそればかりではありません。事実、加害者の職業として一番多かったのが医師と自営業、二番目は公務員で、いずれも知識、経済力とも高い層といった調査結果もあるほどなのです。

このような人々がＤＶ加害者となる背景には、ストレスの高い社会構造が潜んでいます。学歴社会、出世競争の中でエリートの顔を保ちつつ、家庭の中で暴君としてふるまうことでストレスを吐き出しているのでしょう。そして、こういったＤＶの被害者となる女性は、経済力のある夫の職業柄か専業主婦であることが多く、夫によって経済的に支配されているうえ、友人や親族といった社会からも孤立させられているため、誰かに助けを求めることもできないような切羽詰まった状況に追い詰められているケースがほとんどのようです。

## なぜ、被害者は逃げないの？

ところで、ＤＶには、一般的な特徴として以下のようなサイクルがあることも知られています。

**①緊張の蓄積期**――次第に緊張感が高まり精神がピリピリしていく。

**②暴力爆発期**――緊張がピークに達し、激しい暴力が行なわれる。

**③ハネムーン期**――暴力を振るった後、時として大げさに謝り、プレゼントなどをして

## DV被害者が加害者との生活を放棄しない理由

**1、経済的依存**
相手がいなければ、金銭的に生活していけないという事実。

**2、親、妻としての責任感、罪悪感**
家庭がうまくいかないのは自分の責任という思い込み。

家庭を壊して子供を悲しませたくないという思い。

**3、自立への不安**

一人きりで生きていけるかわからないという不安。

**4、楽観主義**
暴力は一時的なもので、やがてはよくなるという思い込み。

人格の問題なので暴力は直らないのに、自分が直せるという思い込み。

**5、救世主コンプレックス**
自分がいなければ、彼は救えないという思い込み。

**6、周囲への体面**
ＤＶが周囲に知られることを恥、屈辱とする思い。

**7、絶望感、あきらめ、否定**
男はみな暴力を振るうものだという思い込み。

自分への暴力は大したことはなく、他の人はもっとひどい暴力を受けているという思い。

周囲の人がＤＶの事実を信じてくれないという思い。

**8、報復への恐怖**
逃げようとしたら、更にひどい暴力を受けるのではという恐怖。

**9、支援の欠除、孤立感**
家族や施設などからの支援が得られず、孤立しているという思い。

**10、愛情、執着**
愛された記憶や、暴力を振るわない時の相手の優しさへの執着。

**11、マイナスの心理的ニーズ**
暴力を振るわれることで、自分の存在価値を確認し満たされている心理。

無意識下で「自分が暴力を振るわせているという支配感」が満たされている心理。

（愛されているから暴力を振るわれているという考え）

自分自身の攻撃性をすべて相手にかぶせ、自分は純真無垢な犠牲者でいられる心理。

「もう二度としない」と約束し、優しくなる。

カップルによって間隔に差があるものの、これらのサイクルが繰り返されていくうちにスピードが増し、さらに暴力の内容も深刻化してきます。極端な例では、ハネムーン期がなく、緊張蓄積と暴力爆発を繰り返すだけの極端な例も報告されています。最悪の場合は殺されたり、自己防衛から相手を殺すこともあるのです。

が、ここで1つの疑問が沸いてくるはずです。「そんなひどい仕打ちの繰り返しで何故逃げないの？」と。そう、被害者に逃げるチャンスが皆無ということは、まずありません。実はDVの特徴として、繰り返し暴力を受けているにも関わらず、被害者自身がそれを受け入れていることが挙げられているのです。その理由は204ページに記したとおりさまざまかつ複雑で、被害者の意志の力だけでは、相手の暴力から逃れることができないのです。

また、自分がDVという人権侵害の被害者だということに気づかない人がいるのも実情です。

前述した通り、DV防止法の施行以降、DVへの社会認知も高まり、被害者の一時的な保護施設であるシェルターも各地に増えています。また、被害者同士がインターネットを通じてコミュニケーションを取り合う自助グループも多く、積極的な活動を行なっているようです。

「誰にも打ち明けられない」と殻に閉じこもったりせず、まずは同じ悩みを抱えた人と話し合い、同じ立場の人がいることを認識すること――そこから、新しい人生の一歩が踏み出せるのではないでしょうか。

## ドメスティック・バイオレンス

緊張の蓄積期
↑緊張が高まり、精神がピリピリしていく
ハネムーン期
←大げさに謝り、「もう二度としない」と約束する。急に優しくなる
暴力爆発期
→再び緊張がピークに達し、激しい暴力が行なわれる

# ネットでつながるバーチャル世界の人間関係

## 自己呈示によるローコストな友人作り

携帯電話やパソコンのネットを通し、電子メールだけのバーチャル世界で友情や愛情を育んでいる相手――「メル友」。十代、二十代の若い世代を中心に、こういった人間関係が増えています。「メールで付き合っている人とはリアル世界で出会う人と比べてすぐに親しくなれる」という意見も多く、実際、メール上での人間関係は、自分自身の情報を相手に伝える「自己開示」が、早く行なわれると言われています。これは、相手の顔や声、口調などの情報がなく文章のみを使うため、コミュニケーションを取るうえでの心理的ストレスが低いためと言えます。実際に人と会うとすれば、話し方はもちろん、しぐさや表情などもあれこれ気を遣う必要が出てきますが、メールなら気遣いするのは文章だけ。確かにこれは楽です。

が、実は、メールの世界で行なわれているほとんどが**「自己開示」**は、厳密には自己開示ではなく、**「自己呈示」**なのです。自己呈示とは自分に都合のいい情報だけを選んで相手に伝えることで、自分をさらけ出す自己開示とは少々意味が違ってきます。自己開示が「本音」だとすれば、自己呈示は「建前」の世界なのです。それでは、この自己呈示によって相手と会話をすると、どのようなことが起きるのでしょうか?

例えば今、あなたに悩みがあるとします。そこでメル友にメールを送ります。当然、すべてをさらけ出す必要はありません。実際の人間関係や自分の落ち度などを、あえて書かなくても問題はないのです。こうして書かれたメールに対する返事には、心を癒してくれるような優しい言葉が書かれていることでしょう。そう、すべてをさらけ出さないメールの返事は、「こんなふうに癒されたい」と望む内容になるようコントロールされているのです。「メル友は自分のことをよくわかってくれてる。自分の悩みにもいつも的確な返事をくれるし」と、思うのも当たり前。一見、相手からのメールで悩みが解消したという形に見えるものの、実際には、自分の思う通りに望む言葉を相手からもらっているだけの自己完結に過ぎないのです。

実際の友人や恋人に悩みを話すとなると、相手は「自己開示」されたあなたという人間をよく知っていますから、欠点や落ち度を指摘してくるかもしれません。「そんなことで悩むなんて、あなたらしくない。もっと前向きに元気を出して」などと、軽くいなされてしまう場合もあるでしょう。また、現実の世界では長い年月をかけ、悩みを話せる人間関係を築く必要も出てきます。つまり、**メールで「自己呈示」しながら友人や恋人を作ったり、心を癒してもらうほうが、心理的にも実質的にもローコストで済む。これが、バーチャルな人間関係がもてはやされる真の理由なのかもしれません。**

## 出会い系サイトにハマる大人が増えている背景

**「出会い系サイト」**とは、男女の出会いを目的としたサイトに登録し、自己紹介文を載せ、それを見た人からの返事を待つというもので、気軽に異性と知り合えることが利用者にとっての大きなメリットになっています。

　ところが最近、この出会い系サイトでの出会いから、ネット恋愛にハマる三十代、四十代の既婚男性、既婚女性が増えています。三、四十代といえば、男性なら仕事でもそれなりのポストに就いている年代。女性の場合、専業主婦で子供が一人や二人はいて、温かな家庭を築いているはずです。それなのになぜ、彼らはバーチャル世界の恋愛にのめりこむのでしょう？

　まず男性の場合、働き盛りという年代ゆえ、日々の充実感もありますが、常に気を抜けない緊張感も生まれます。また、仕事でストレスを抱えていても、自宅でゆっくりくつろぐこともできません。家庭では「良き父、良き夫」を演じなければならないからです。そこで、自分を解放させる手段が出会い系サイトになるわけです。

　一方女性なら、見返りの少ない家事や育児に追われ、日々の生活に虚しさを感じる年齢。さらに夫は仕事に忙しく、妻である自分を顧みてもくれません。やがて、社会からも、伴侶からも見放されたように感じた彼女たちは、自分を一人の「女」として認めてくれる、出会い系サイトの男性に救いを求めるようになるのです。

**ハンドルネーム**という架空の名前を使うネ

## ネットの世界は自己呈示がしやすい

僕は商社に勤める26歳。特技はスノボです
私は24歳の家事手伝いです！

バーチャル世界の出会いだと現実の地位や肩書きを忘れ、ストレスを発散できる

ットの世界は匿名性が高く、自分がどこの誰だか知られずにいられれます。そのため、現実の肩書きや地位に縛られず、日頃のストレスが吐き出せる利点があります。また、メールには自己開示、自己呈示しやすいという特徴があるため、面と向かっては照れくさくて言えないような愛の言葉も、すんなり文章にできます。そして、やがてはメールで飽き足らなくなり、親しくなった相手とのデートにまでこぎつける、というわけです。

**仕事も家庭も順風満帆な男性、そして、申し分ない家庭を築きつつも虚しさを感じずにいられれない女性。彼らは「一社会人」「夫」「妻」「母」といった、日常生活に欠かせない仮面を脱ぎ捨て、演じる緊張感から解放された「一個人」としての自分を、ネットの世界に見出したいのかもしれません。**

## 携帯電話を手放せないのはなぜ？

現代人に携帯電話は、もはや必要不可欠と言っても過言ではありません。待ち合わせ場所や時間の変更など、急なトラブルにも素早く対応できる携帯電話は、実に便利なツールです。が、最近、電車内や駅のホームなどで、頻繁に着信履歴を確認する人――特に若者を見かけます。特に電話がかかってくる予定もないのに、手持ち無沙汰なのか携帯電話を確認せずにはいられない人々は、**着信履歴恐怖症**にかかっているのです。

恐怖症と言っても着信が怖いわけではなく、逆に着信を待ち望んでいることが問題となります。着信履歴を確認せずにいられないのは、人間関係（男女、職場、親子など）において適度な距離感を保つことができない人が「人から愛されたい」「誰かに関心を持ってもらいたい」という願望を抱くことによって生じる行動なのです。

携帯電話は誰とでも気軽に触れ合える便利なツール。さほど親しくない相手とも容易に距離が縮められます。自宅の電話番号を教えるのはためらわれても、携帯電話の番号なら比較的安心して教えられます。でも逆に、さほど親しくない人から、電話が来る可能性も秘めています。「こちらから電話をかけてもいいかな?」「でも迷惑かもしれない」「向こうからかけてくれないかな」「電話が来るかもしれない」「そうだ。着信履歴確認しよう」――こんなジレンマから抜け出すには、携帯電話というツールから一歩飛び出した人間関係を築くことが必要なのかもしれませんね。

**相手との距離がつかめない現代人**

携帯電話は、相手との距離を容易に縮めてくれる便利なツール。Eメールや、着信履歴を無意識にチェックする習慣がついている人も多い

## 手軽で気楽な携帯DEネット恋愛

ところで、携帯電話の普及とともに、相手に会わずして恋愛関係を成立させる**「ネット恋愛」**が、若い世代を中心に爆発的に広まっています。理由は先に述べたとおり、誇大な自己呈示で情報コントロールが可能なことや、コストが低くて済むという点ですが、もう1つ「リセットが簡単」というお手軽感も見逃せません。通常の恋愛では相手とうまくいかなくなった場合、泥沼の愛憎劇もありますが、ネット恋愛ならメールアドレスを変えたり、携帯を買い換えたりするだけで、簡単に恋を終わりにできるのです。相手が嫌になったらサクッとリセット——確かにお手軽ではありますが、どこか寂しく虚しい気もしますね。

# 「引きこもり」から抜け出すために

## トラウマやＰＴＳＤに起因する引きこもり

**引きこもり**とは**「6カ月以上自宅に引きこもって社会参加しない状態」**を指します。これは厚生労働省による定義付けで、19歳以上が過半数を占め、5年以上の引きこもりが50%、数は増加傾向にあると**発表しています。**引きこもりは症候群（複数の症状で構成される病気）で、症状は単に引きこもるというだけではなく、必ず複数の症状――心的外傷後ストレス障害（ＰＴＳＤ）と解離性障害の症状が見られます。ＰＴＳＤでは、集中力の低下や体の緊張、不眠、人間不信、感情の爆発など。そして解離性では、記憶喪失、怒りを感じないなど感情の欠如、現実感を失うといった症状があり、ひどい場合は多重人格に陥ることもあるのです。

引きこもりに悩む人のほとんどは、過去にひどいいじめや裏切りを体験し、心に深い傷を負っています。辛い経験が強いストレスとなり、さらにはトラウマ（心的外傷）となって、当人を苦しめるのです。そこで、多くの引きこもり患者に見られるトラウマを、以下にまとめてみました。

### ■虐待によるトラウマ

いじめ、体罰、虐待など、命の危機を感じ

**用語解説** 『10代20代を中心とした「引きこもり」をめぐる地域精神保健活動のガイドライン』…引きこもり問題に対し、厚生労働省が全国の市町村や関連施設に示した具体的な対応・援助。平成15年に最終版通知。

## 過去の辛い体験が引きこもりの原因

単に引きこもるだけでなく、PTSDや解離性障害などの複数の症状を持つ

るほどの体験をし、対人恐怖や慢性的な興奮、恐怖心などのPTSD症状をもっています。

■裏切りによるトラウマ

最近の研究で、体罰などの辛い事件よりも、裏切りのほうがひどいトラウマになるという報告があります。例えば学校でいじめや体罰を受けたのに親が子供を助けない場合、子供は親に裏切られることになるのです。家庭内暴力のほとんどはこの裏切りが原因です。

■長期間のストレスによるトラウマ

ストレスが長期間溜まると複合型のトラウマになります。親にとっての良い子を演じる、人に必要以上に気を遣うなど、さまざまストレスを溜めて精神を消耗してしまうのです。受験失敗などの些細な事件で引きこもる場合、この複合型のトラウマが隠れているケースがあります。

## 引きこもりを悪化させる周囲の誤解

親とよく話しあって
放っておけ!
人づきあいのできないヤツ
怠け者!
NO!

周囲の偏見や誤解が、引きこもりを悪化させることもしばしば

さて、このように過去の辛い体験と根深くつながっている引きこもりですが、社会には誤解や偏見が多くあり、これが患者の回復を遅らせたり、時には悪化させたりもします。では実際に、どのような誤解があるのでしょうか? 主なものを以下に記してみましょう。

### ①引きこもりは放っておいても治らない

体の傷はよほどでない限り自然と治りますが、心の傷、それも深い傷は、時間が過ぎても治りません。実際に、PTSDは治療しないと回復しないことが、**ベトナム帰還兵のさまざまな実例**で証明されています。人間、生きていれば多少なりとも辛いことがあり、軽い引きこもり状態に陥ることもあるはずです。が、6カ月以上というのは明らかに病的な引きこもりです。「本人が立ち上がるまで待つ」という解決策は、まず成功しないでしょう。

**用語解説**

**ベトナム帰還兵のさまざまな実例**…ベトナム帰還兵のPTSD罹患率は30%。長期かつ多重のトラウマを抱えるため、自然災害などの単発性トラウマ体験にくらべ重症化、慢性化することが多い。

## ②引きこもりは「怠け」だ

引きこもると何もできずにぶらぶらしているので、そう見えますが、これは決して怠けではありません。多くの引きこもりは、不安、不眠、緊張、対人恐怖など心因性の身体症状に苦しんでいます。また、社会復帰したくとも自分ではできず、焦ってもいます。引きこもり患者に対し叱咤激励する人もいますが、決して根性や心構えで克服できる問題ではありません。

## ③引きこもりになる人は、人付き合いができないわけではない

引きこもりは生来のものではありません。ある時期から始まり、当然それ以前は人と交際しているので、交際能力が無いわけではありません。人を避けるのは対人恐怖や孤立感などのPTSDに関係しているのです。ですからPTSDから回復すると、社会と人間に対する不信感も拭いさることができ、再び普通に交際することができます。

## ④集団生活の訓練を強いてはいけない

引きこもりを根性がないからだと考え、集団訓練をする団体などに入れる親がいます。しかし、これは引きこもりを悪化させることになりかねません。引きこもりに必要なのは自分を理解してくれる人であって、我慢や根性を強いる集団生活ではないのです。引きこもり患者を真に理解しない団体に入れることは、PTSDに苦しむベトナム帰還兵を、再びベトナムに戻すような行為と言えます。

## ⑤親子間の話し合いでは解決しない

もちろん、親子の信頼関係があれば話し合いは可能です。しかし、親に裏切られたと感じる引きこもりの子供は、話しかけることで

心を開くどころか、憎しみと怒りばかりが強くなるものです。こういった場合は、第三者の介入が必要になります。

　以上の他、引きこもりは親が悪いというケースも多いようですが、引きこもりになる原因は親の知らない場所（学校、会社などの社会）で起こる場合もあり、すぐに親が悪いと決め付けるのは、間違った考え方です。ですが、実際には、引きこもりを怠けとしたり、本人や親が悪いと安易に結論付けるのは、多くの人に共通する傾向です。引きこもりは本人も親も苦しく悲惨な症状で、部外者にはわからないこともたくさんあります。引きこもりを安易に批判せず、正しい知識を持って患者やその家族に理解と思いやりを示すことが、引きこもり患者を少しでも減らす足がかりになるのかもしれません。

## 引きこもりは日本特有の現象？

日本の引きこもり患者は、80万～120万人と言われています。外国でこれほどの人が引きこもる例は報告されておらず、日本特有の現象と言われています。なぜ日本で、これほど多くの引きこもりが発生するのか。これには、日本社会の在りようが原因しているようです。

　左頁に引きこもりの主な原因を掲載しました。このように引きこもりは、日本社会の病理を象徴しています。なぜ、日本は世界中のどんな国よりも引きこもりが多いのか……。なくならない体罰やいじめ、治外法権的な学校の扱い、そして司法制度の問題など、我々日本人は、学校のあり方と社会制度をもう一度見直す必要があるのかもしれません。

## 引きこもりの原因

### 自己表現を許さない学校や家庭環境

家でも学校でも「良い子」が求められるため、子供は常に「良い子」を演じる。この緊張感が子供にとってのストレスとなる

### 謙遜の風潮

自分自身を主張しない日本人の特徴。この中で育ってきた多くの若者に「本当の自分を見せる」恐怖があり、人間関係に緊張を感じている。これがやがて人を避ける傾向につながる

### 学校との対立を避ける親

学校で教師と子供のトラブルが発生すると、親は子供に我慢させるケースが多い。子供は親に裏切られたと感じるようになる

### 喧嘩両成敗の伝統

古くからの日本の伝統で、加害者と被害者の区別をしない。そのために被害者にも問題があるという考えが生まれ、被害者は社会不信に陥る

### 学校の治外法権

学外ならば罰せられる傷害行為が公然と認められている。体罰教師を教育委員会が保護する。自殺に追い込むほどの虐待をした生徒が罰せられないなど。司法制度の保護で学校の体罰といじめが続く

### 体罰の伝統

一部の運動部には「しごき」と証した体罰が根強く残り、子供達が部活で人を殴る習慣を学ぶ。また、「言ってもわからないなら体で覚えさせる」といった暴力で服従させる伝統も然り

### 加害者を守る社会

「チクリは良くない」とばかりに、周囲が加害者を援護し、いじめや体罰の被害者が孤立しがちになる

# 現代人が陥るさまざまな「流行症候群」

## 社会背景を反映する流行症候群

1971年、ベトナム戦争に従軍したカレー中尉が、ベトナム人を殺害した責任を問われる裁判がアメリカ中で話題になりました。中尉は、ベトナム人を殺害したことについて「上官の命令に従ったまで」と主張しましたが、結局は有罪判決が下りました。しかし、この時の世論調査では、実に75％の人が有罪判決に反対の意見を示しました。カレー中尉は国のために自らを犠牲にして戦ったのに、その苦労が報われなかったと、世間の人は判断したのです。

この事件が、「社会の要請を受けて精一杯頑張ったのに、その労苦が報われない」という風潮を広げたのは言うまでもありません。以降アメリカでは、医師や看護婦、教師、ソーシャル・ワーカーなど専門職の人が、疲れや無感動、無気力などの心身症状を訴えるケースが増加しました。これが**「燃え尽き症候群」**の発端です。

この例のように「～症候群」と呼ばれるものは、その時代の社会背景から生まれるケースが多いようです。そして、時代の流れとともに、新しい症候群が生まれるのです。また、**ピーターパン・シンドローム**や**青い鳥症候**

## 燃え尽き症候群

期待どおりの結果が得られず、無力感に襲われる。理想と現実のギャップが激しい職業についている人に多く見られる

群のように、名称の面白さから注目されるものもあります。そこで、以下に現代の代表的な症候群を、いくつか紹介しておきましょう。

### 燃え尽き症候群

高い目標を掲げて真面目に仕事に取り組んでいた人が、どんなに努力しても期待どおりの結果が得られないとわかった時、目標を見失って心身的な「燃え尽き状態」になる現象です。この症候群にかかると、無力感、疲労感、不満足感、無感動などの兆候に見舞われ、社会生活にも支障をきたします。

特徴としてはまず、思いやりがなくなり、仕事も機械的にこなそうとする傾向が見られます。さらに、ストレス性の潰瘍やアルコール中毒、薬物依存、不眠症など、精神的・身

**最終目標達成後におこりやすい「荷卸し症候群」**

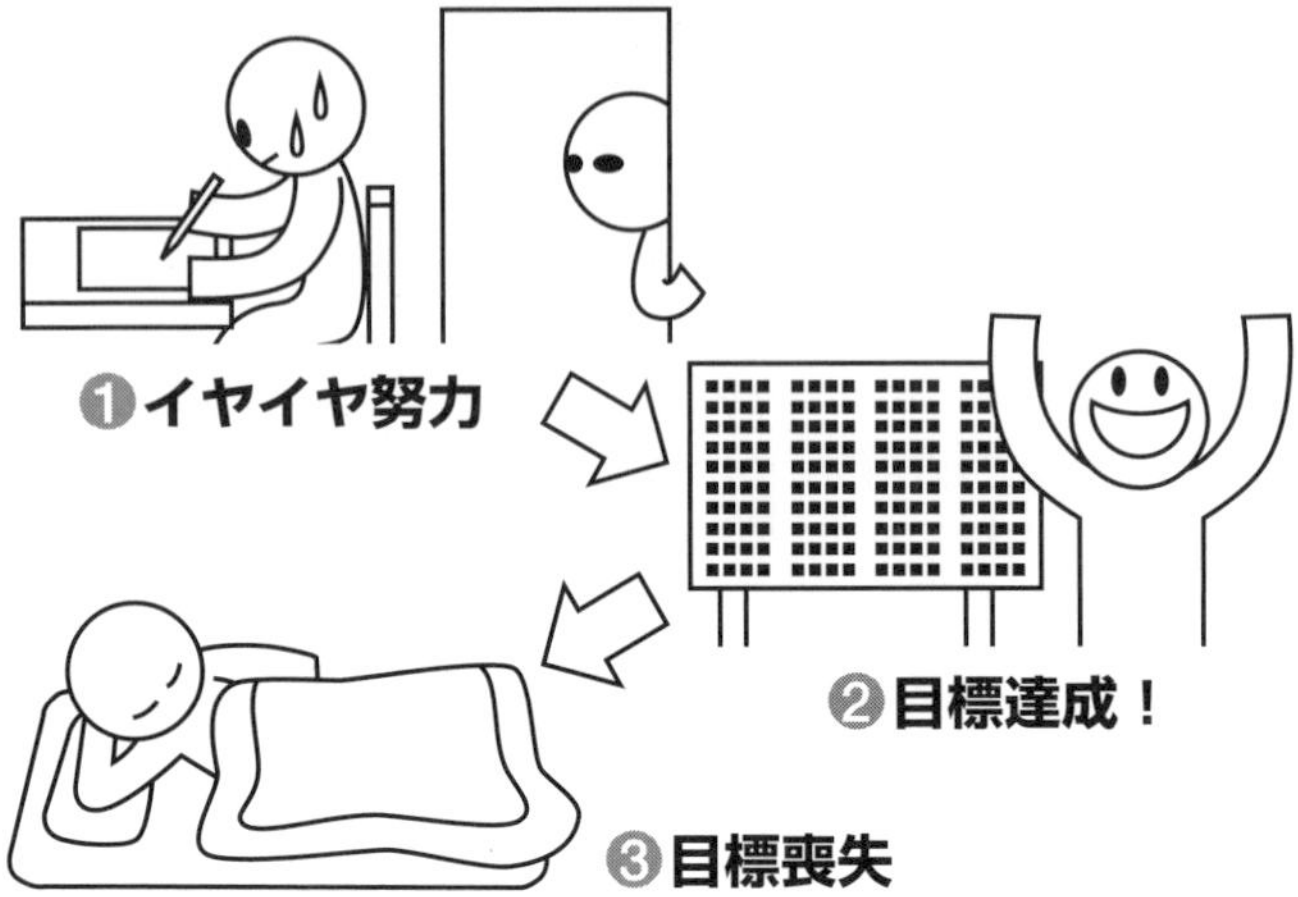


体的な病気を招く他、自殺したり、夫婦間の問題とは別に離婚をする人もいます。予防策は、自分の心境を誰かに包み隠さず話すことが大事と言われています。また、自分に自信の持てる何かを探すことも必要です。

ちなみに、国立精神神経センター精神保健所の実態調査によると、燃え尽き症候群にある教師は全体の41％、看護婦は32％、医師は16％にも上っており、これらの職業の理想と現実のギャップが激しいことを伺わせます。

## 荷卸し症候群

いわゆる**「五月病」**と呼ばれるもので、経験したことのある人もいるのではないでしょうか。具体的には「難関を突破して希望の大学や会社に入った人が、五月頃になると仕事や勉強に身が入らなくなり、無気力な状態に陥ってしまう症状を言います。ほとんどが一過性のものですが、中には登校拒否や出社拒否にまで至る人もいます。日本では五月に多く見られますが、それ以外の月に起こるケースもあるため**「荷卸し症候群」**という名称がつけられました。

症状としては、寝つきが悪くなる、新聞やテレビを見る気がしなくなるなどが挙げられます。その原因は、大学や会社に入るという最終目標を達成したため、その後に何もすることがなくなる目標喪失感であると言われています。

荷卸し症候群にかかるのは、親に言われてイヤイヤ勉強をしてきた人に多く見られるため、自分で目的を見出す自発的な発想や行動が必要と言われています。

## 被虐待児症候群

最近、子供に暴力を振るったり食事を与えないなどの虐待を行ない、子供に傷を負わせたり、時には死なせてしまうケースが増えています。こういった子供に対する虐待行為を**「被虐待児症候群」**と呼びます。

原因は、それぞれの家庭の事情によってさまざまですが、一般には住宅事情の悪さからくるストレスや、多忙で不在がちな夫と、その妻との対話が少ないケース、さらには子供に対する愛情の欠落から、子供を遠ざけようとする忌避感などがあります。

また、育児ストレスから、してはいけないとわかっているのに、思わず子供に手を上げてしまう母親も少なくありません。先に説明

## 他にもまだまだあるこんな症候群

### 思春期挫折症候群

受験の失敗や失恋、引越しなど、環境の変化が引き金と考えられる思春期特有の現象。神経症や抑うつの症状をはじめ、家庭内暴力、登校拒否、家出など逸脱症状、思考障害、意欲障害、退行などの兆候が見られる

### 空の巣症候群

子供の進学や就職、結婚などにより、家に取り残された中年夫婦に一過的に現れる現象。空虚感、無力感、不安感などに捉われ、ひどくなると神経症やうつなどの症状が現れることもある

### スチューデント・アパシー

中学生から大学生ぐらいまでの学生が、理由もなく学校へ行く気力、勉強への意欲をなくしてしまう現象。精神障害とは違い、バイトやクラブ活動などにまで無気力になることはない。主に男子学生に多く、勝ち負けや優劣に対して敏感な心が、厳しい現実から逃避をさせるという見方もある

### ピーターパン・シンドローム

物語の主人公ピーターパンのように、いつまでも子供でいることを願い、社会に適応しない男性の症状。自尊心が強いのに寂しがり屋で自己中心的、感情を表に出さず無責任な人に多い。性的なコンプレックスや両親との幼い頃からの確執が原因のこともある

### 青い鳥症候群

メーテルリンクの童話『青い鳥』に因んで命名。今の自分は本当にあるべき姿ではないと思い、本当の自分という『青い鳥』を探してさ迷う現象。自分に「何がしたい」という明確な目的がないため、転職を繰り返したり、定職に就かないケースもある

した**「白雪姫・コンプレックス」**（P113参照）がこれに当たります。母親は子供を折檻した後、激しい後悔の念に悩まされるのですが、それでも抑えられないのです。

実は、子供に体罰を与えるという経歴のある人が体罰を与えられて育ったという経歴のある親は、自分も体多いと言われています。とある精神分析学者は「実母や実父から保護されずに育った白雪姫は、母となった時、本人が望まなくても実子を虐待する母になる可能性が高い」と分析しています。

この見解によれば、親の子供への虐待は、世代を超えて、遺伝のように連鎖的に受け継がれていくことになります。実際に親から体罰を受けた経験のある人は、自分の子供にも体罰を与える可能性が高いと、充分に注意しなければならないのかもしれません。

## ボーダーライン症候群

精神病でも神経症でもないながら、人格に極端な偏りがある症状を指して**「ボーダーライン症候群」**と呼びます。特徴は①感情の起伏が激しく怒りの表現が際立っている　②対人関係が衝動的で不安定　③常に誰かからの愛を得ていなければ安心できないなどで、虚無感や妄想に捉われて自傷行為に及ぶこともあります。原因は子供の頃の両親の不和、離婚、虐待といった養育環境の悪さから、自分は自分であるというアイデンティティの確立を失敗したためとされ、性格的に白黒はっきりつけたがる点も取り上げられているようです。マリリン・モンローや太宰治、そして尾崎豊もこの症候群だったと言われています。

# 参考文献一覧


●「深層心理がわかる本」　渋谷昌三監修　高山清和著・日本文芸社
●「手にとるように心理学がわかる本」　渋谷昌三著・かんき出版
●「手にとるように心理学用語がわかる本」　渋谷昌三著・かんき出版
●「心理学雑学辞典」　渋谷昌三著・日本実業出版社
●「すぐに使える心理学」　渋谷昌三著・ＰＨＰ研究所
●「心理学のすべて」　深堀元文著・日本実業出版社
●「誠信心理学辞典」　外林大作／辻　正三／島津一夫／能見義博　編・誠信書房
●「心理学辞典」　中島義明／子安増生／繁桝算男／箱田裕司／安藤清志／坂野雄二／立花政夫　編・有斐閣
●「桶川女子大生ストーカー殺人事件」　鳥越俊太郎＆取材班・メディアファクトリー

●「虚誕　警察につくられた桶川ストーカー殺人事件」　鳥越俊太郎&小林ゆうこ
・岩波書店
●「新潮45」　2002年4月号・新潮社
●「人はなぜストーカーになるのか」　岩下久美子・文春文庫
●「事件　1999-2000」　佐木隆三／永守良孝・葦書房
●「20世紀にっぽん殺人事典」　福田洋・社会思想社
●「平成15年版　警察白書」　警察庁編・ぎょうせい
●「ドメスティック・バイオレンス　新版（有斐閣選書　1632）」
・「夫（恋人）からの暴力」調査研究会著有斐閣

# 索引

■資料提供・永井豪／ダイナミックプロ©
毎日新聞社

■イラスト・吉田千賀

■図版・SUPERSONIC D.D

■編集協力・前川陽子・佐藤啓子・超音速

【監修者紹介】

渋谷昌三（しぶや・しょうぞう）

1946年、神奈川県生まれ。学習院大学文学部哲学科卒、東京都立大学大学院人文科学研究科心理学専攻博士課程修了。文学博士。山梨医科大学医学部教授を経て、現在目白大学人間社会学部・大学院心理学研究科教授。
主な著書に『人はなぜウソをつくのか』『その人のひと言から本心をウラ読みする方法』（ともに河出書房新社）、『らくらく入門塾　心理学講義』（ナツメ社）、『自分がわかる心理学〜心が軽くなるアドバイス』『外見だけで人を見抜く技術』（ともにPHP研究所）など多数ある。

学校で教えない教科書

面白いほどよくわかる
心理学

＊

平成16年 3 月22日　初版発行
平成17年 3 月25日　第 4 刷発行

監修者
渋谷昌三
発行者
西沢宗治
DTP
株式会社キャップス
印刷所
誠宏印刷株式会社
製本所
小泉製本株式会社
発行所
株式会社日本文芸社
〒101-8407 東京都千代田区神田神保町1-7
TEL.03-3294-8931［営業］, 03-3294-8920［編集］
振替口座　00180-1-73081

＊

落丁・乱丁本はおとりかえいたします。

ISBN4-537-25196-4
112040319-112050310Ⓝ04
編集担当・羽生

URL　http://www.nihonbungeisha.co.jp